AI와 광고

인공지능총서

인공지능 시대입니다. 기계가 인간의 인지를 대신하고, 사물이 인간을 통하지 않고 다른 사물과 직접 커뮤니케이션합니다. 이에 따른 인간 삶과 문명 변화를 정확히 이해·예측·대응하는 것은 이 시대 우리 모두의 과제입니다. 인공지능총서는 인공지능 기술과 환경의 여러 주제를 10가지 키워드로 정리합니다. 관련 개념과 이론, 학계와 산업계의 쟁점, 우리 일상의 변화를 다룹니다. 인간과 기술의 현재, 미래를 세심히 분석합니다.

일러두기

- 인명, 작품명, 저서명, 개념어 등은 한글과 함께 괄호 안에 해당 국가의 원어를 병기했습니다.
- 외래어 표기는 현행 어문규정의 외래어표기법을 따랐습니다.
- 이 책은 인공지능에 관한 저자의 연구 성과를 바탕으로 최신 동향을 보완한 것입니다.

AI와 광고

박종구

대한민국, 서울, 커뮤니케이션북스, 2025

AI와 광고

지은이 박종구
펴낸이 박영률

초판 1쇄 펴낸날 2025년 2월 27일

커뮤니케이션북스(주)
출판 등록 2007년 8월 17일 제313-2007-000166호
02880 서울시 성북구 성북로 5-11
전화(02) 7474 001, 팩스(02) 736 5047
commbooks@commbooks.com
www.commbooks.com

ISBN 979-11-7307-781-4 03500

책값은 뒤표지에 표시되어 있습니다.

차례

AI 시대 광고

주목 경제 시대의 광고

소비자의 주목이 희소한 자원이 되어 버린 주목 경제(Attention Economy) 시대에 광고 캠페인 성과를 높이기 위해서는 소비자가 필요로 하는 메시지를 전달하는 것이 필요하다. 주목이 희소한 자원인 시대에 소비자들은 자신과 관련 없는 광고에는 눈길을 주지 않는다. 소비자가 필요로 하는 맞춤화된 광고가 필요한 이유다.

데이터 기반 맞춤형 콘텐츠 서비스는 자신의 취향에 부합하지 않는 정보로부터 분리될 수 있게 하면서 자신만의 이념적 거품에 가두는 '필터 버블(filter bubble)'이라는 역기능을 가지고 있다. 그러나 광고 분야는 필터 버블 이슈에서 자유롭다. 왜냐하면 자신과 관련 없는 광고는 '쓰레기(spam)'지만, 나와 관련성 있는 광고는 '정보'가 되기 때문이다. 맞춤형 광고란 소비자가 데이터로 남긴 흔적을 따라가며, '필요'를 충족시킬 수 있는 솔루션을 제공해 주는 정보다.

광고 산업은 목표 고객에게 맞춤화된 광고를 효과적

으로 생성하여 전달하는 과정에서 인공지능의 쓰임을 높이기 위한 실험을 계속하고 있다. 인공지능은 광고 효과를 높일 기회와 함께 신뢰할 수 있는 도구로 정착되기 위해 해결해야 하는 과제 또한 동시에 부여한다(Mueller, Massaron, & Diamond, 2025). 디지털 시대, 맞춤형 광고 집행을 위한 핵심적인 과제는 개인정보 보호 문제였지만, 생성형 인공지능 시대에는 개인정보 보호와 더불어 저작권 침해와 소비자 기만 또한 중요한 문제로 떠올랐다(박종구, 2023b; 2024).

생성형 인공지능의 사회적 영향력 확대로 혁신을 지원하고 잠재적인 문제를 효과적으로 관리하기 위해 세계 각국은 윤리 원칙을 넘어 구속력을 갖는 인공지능 법안을 마련하기 시작했고, 포괄적인 규정을 담은 유럽연합의 「인공지능법(EU AI Act)」이 2024년 8월 세계 최초로 발효되었다. 우리나라 또한 생성형 인공지능 시대에 국민 삶의 질 향상과 국가 경쟁력을 높이는 데 기여할 수 있는 인공지능의 새로운 기준을 마련하기 위해 2024년 12월 「인공지능 발전과 신뢰 기반 조성 등에 관한 기본법」을 제정했다.

마케팅 데이터 사이언스

인공지능 시대에 데이터 과학이 마케팅 분야에서 데이터 기반의 전략적 의사 결정을 이끌고 있다(Brown, 2024). 마케팅 테크놀로지(Marketing Technology, 이하 MarTech)는 마케팅 활동에 사용되는 기술이다. 데이터 활용이 중요해지면서 MarTech는 마케팅 활동을 지원하는 데 머무르지 않고, 마케팅 활동 성과를 결정짓는 마케팅 조직의 핵심역량이 되었다.

현재 MarTech는 '브랜드 인지도'를 높이기 위해 소비자들에게 어떤 콘텐츠를 전달해야 하는지, '고객 참여도'를 높이기 위해 어떻게 차별화된 경험을 제공해 줄 것인지, 그리고 통합적인 고객데이터를 사용해서 어떻게 '맞춤화된 서비스' 제공하고 그 성과를 측정할 것인지에 대한 해결 방안을 제시한다. 그리고 더 많은 데이터가 쌓일수록 인공지능을 통해 보다 효과적이고 효율적으로 소비자와 소통하는 것이 가능해질 것이다.

광고 테크놀로지(Advertising Technology, 이하 AdTech)는 말 그대로 광고에 적용되는 기술을 의미한다. AdTech와 MarTech의 공통분모는 데이터다. 반면, AdTech가 MarTech와 다른 점은 적용 매체(광고비 지불 매체 vs. 기업 보유 매체), 사용 주체(광고주 · 광고 대행사 vs. IT · 마케팅팀), 그리고 메시지 전달 방식(일대다 방식 대중 대상 vs. 일대일 방식 특정 수신자) 등에 있다. 디지털 광고 생태계에서 광고가 실시간으로 자동화되어 거래되는 프로그매틱 바잉(Progmatic Buying) 영역의 주요 대표적인 AdTech로는 광고 구매자 플랫폼(Demand-Side Platform, 이하 DSP), 거래소(AD eXchange, 이하 ADX), 판매자 플랫폼(Supply-Side Platform, 이하 SSP) 등이 있다.

DT는 MarTech와 AdTech의 공통분모다. 고객데이터를 통합적으로 관리하는 '고객데이터 플랫폼(CDP)'과 '데이터관리 플랫폼(DMP)'은 기업에 새로운 고객에게 접근할 수 있는 수단을 제공해 주고, 개인화된 메시지를 만들어 전달할 수 있게 해 준다. 현재의 마케팅 환경에서 방대한 고객데이터를 통합적으로 활용할 필요성이 커졌고, 그 결과 마케팅과 광고 테크놀로지를 결합한 MAd-Tech라는 용어가 탄생했다. MarTech와 AdTech의 합성어인 MAdTech는 마케팅, 광고, 그리고 기술적 요소를 포함하는 개념이다.

MAdTech는 마케팅 데이터와 광고 데이터 사이의 칸막이를 제거하고, 기업이 소비자와 상호 작용하는 과정에서 생성된 모든 데이터를 통합적으로 활용해 소비자에게 더 만족스러운 경험을 제공하려는 접근이다. MAdTech는 MarTech에서 사용하는 식별 가능한 개인 데이터와 AdTech에서 사용되는 외부 데이터 풀을 결합한 데이터를 사용해서, 인공지능을 기반으로 고객에게 전달하는 메시지를 생성한다. 또한 MarTech는 자사가 소유한 매체를 개인화된 메시지를 전달하는 MarTech와 광고비를 지불하는 매체를 통해 타깃 메시지를 전달하는 AdTech를 결합해 모든 옴니채널에서 개인화된 메시지를 고객에게 전달한다. 이처럼 MAdTech는 다양한 소비자 접점에서 생성되는 데이터를 통합적으로 분석해 MarTech와 AdTech를 개별적으로 사용했을 때보다 소비자가 무엇을 원하고 요구하는지에 대한 더 깊은 이해를 바탕으로 더 나은 고객 제안을 할 수 있도록 해 준다(박종구, 2019; 2020).

인공지능은 기계 학습을 통해 데이터 패턴을 파악해서 분류하는 '판별적(discriminatory)' 기능을 넘어, 자기-지도 학습방법(self-supervised learning)을 통해 '대량의 데이터'를 학습하여 우리가 요구하는 것을 언어적·시각적 · 음성적 콘텐츠로 만들어 주는 '생성형(generative)' 범용 인공지능으로 진화하면서 쓰임새가 다양해지고 있다(박종구, 2024). 특히 마케팅 분야에서 생성형 인공지능은 전략 수립, 캠페인 개발, 광고 제작, 성과 분석 등 마케팅 전 주기에 활용되어 이전보다 더 통찰력 있고 창의적인 마케팅 활동을 수행하는 데 도움을 줄 것으로 기대되고 있다(Singh, 2025).

이제 인공지능은 가능성을 실험해 보는 시기를 넘어 비즈니스 가치를 창출하는 단계로 진입했다(최광민, 2024.12.9). 해외 주요 국가들은 공공 부문에서 인공지능을 활용하는 방안을 모색하고 있다(우하린 · 송방현, 2024). 또한 대표적인 창조 산업인 광고 산업도 생성형 인공지능을 이용해 비용효율적으로 광고를 제작하고 광고 효과를 높이는 방안을 모색하고 있다(곽동균 · 김남두 · 주성희 · 황현정, 2024; Forrester Consulting, 2024).

TV 광고의 진화

TV는 여전히 중요한 미디어지만, 미디어 이용 행태 변화와 데이터가 이끄는 디지털화의 변화에서 자유롭지 못하다. 디지털 기반의 새로운 미디어 서비스의 등장으로 소비자 기대치와 이용 행태가 빠르게 변하고 있다. 현재의 소비자는 자신에게 맞춤화된 콘텐츠 서비스를 좋아하며, 자신의 욕구를 충족시켜 주는 플랫폼과 디바이스 중심으로 파편화되고 있다.

미디어 이용 행태 변화에 따라 소비자의 주목을 좇아야만 하는 브랜드 또한 변화된 미디어 환경에 적응하며 데이터 기반의 마케팅 활동을 강화하고 있다. 유튜브와 넷플릭스 같은 OTT 동영상 플랫폼의 전 세계적 확산은 소비자의 주목과 광고주의 광고비를 놓고 경쟁해야 하는 전통적인 TV 산업에 커다란 도전이 되고 있다. 방송사업자들은 데이터 기반으로 이동하는 광고 시장에서 글로벌 동영상 플랫폼에 대응하기 위해 대규모 잠재 고객에게 접근할 수 있는 TV 광고의 장점과 타기팅을 가능하게 해주는 디지털의 장점을 결합한 '융합형(Convergent) TV 광고' 개발에 집중하고 있다(박종구, 2021a; 2023d).

연결된 지능과 소비자 구매 여정

데이터는 써먹을 수 있을 때 비로소 유용하며, 제대로 사용하기 위해서는 맥락과 창의성이 데이터에 더해져야 한다. '연결된 지능(connected intelligence)'이란 인공지능과 스마트 기기가 서로 연결된 것을 말한다. 인공지능은 사물인터넷을 통해 수집된 빅데이터를 분석해서 패턴을 파악하고 미래를 예측할 수 있도록 도와준다. 다시 말해 인공지능은 '어떤 일이 일어날 것인지'를 예측해서, '우리가 무엇을 해야 하는지' 처방해 준다(Raman, Rao,

& Yaung, 2017). 맞춤화된 서비스는 가까운 미래를 주도할 소비자 집단을 향한 마케팅 커뮤니케이션의 핵심 성공 요인이다.

소비자와 브랜드가 접촉하는 채널이 다양해진 현재의 옴니채널 소비 환경에서 마케터에게 중요한 것은 소비자 구매 여정을 관통하는 고객에게 맞춤화된 커뮤니케이션이다. 데이터 폭발은 소비자의 구매 과정에 이미 많은 영향을 주고 있으며, 그 중심에 있는 인공지능이 전통적인 소비자 구매 여정을 새로운 모습으로 바꾸어 가고 있다. 어떤 브랜드를 선택할지 생각할 시간이 없다거나 다른 사람이 자기 대신 결정해 주면 좋겠다는 소비자들이 적지 않다. 지금 이 순간 인공지능은 머뭇거리는 소비자에게 맞춤화된 선택지를 '슬쩍 건네주고(nudge)' 있다.

가까운 미래에 인공지능이 소비자 구매 여정의 각 단계에 미치는 영향은 훨씬 더 커질 것이다. 소비자 버즈를 수집·분석하는 미디어 플랫폼은 특정 제품 카테고리에 대한 버즈량과 선호를 분석해서 판매 증감을 예측할 수 있을 뿐만 아니라, 소비자 선호에 부합하는 제품을 개발하는 데 도움을 줄 것이다. 이 밖에도 인공지능은 기업 수익성에 도움이 되는 소비자 집단을 파악해서 이들을 대상으로 맞춤화된 판매 제안을 하거나, 브랜드 충성도를 높일 수 있는 총체적인 고객 경험을 제공하는 데도 이바지할 것이다(Brown, 2024; Kihn & Lin, 2025).

그러나 인공지능을 활용한 마케팅에도 부정적인 측면은 있다. 새로운 기술에 익숙하지 않은 소비자들은 인공지능을 이용한 마케팅에 심리적인 거부감을 가질 수 있다. 인공지능은 소비자 데이터를 더 많이 학습하고 분석할수록 더 나은 맞춤화된 마케팅을 가능하게 해 준다. 맞춤화의 정도를 높이기 위해서는 소비자가 자신의 정보를 더 많이 제공해 주어야 하고, 이 과정에서 개인정보 침해 문제가 야기될 수 있다(박종구, 2018; 2021b; 2022; 2023a; 2023c).

개인정보 보호

인공지능을 사용하면 소비자 선호를 보다 잘 파악해서 개별 소비자가 좋아하는 광고 메시지를 생성하여 전달함으로써 관여도를 높여 더 좋은 광고 효과를 얻을 수 있다. 그러나 이와 같은 맞춤형 광고를 집행하는 과정에서 민감할 수 있는 개인정보가 의도하지 않게 노출되기도 한다. 생성형 인공지능 확산은 개인정보 침해 위험을 더 높였다.

구체적으로 대규모 생성형 인공지능은 인터넷에서 수

집한 방대한 양의 학습 데이터를 훈련해서 생성 모델을 만드는 데, 이 과정에서 서비스 제공자가 정보 주체의 동의를 받지 않은 채 개인에게 민감한 정보를 수집해서 활용함으로써 개인정보를 침해하는 문제가 발생할 수 있다. 또한, 사용자가 자발적으로 입력한 다양한 민감정보가 학습되어 인공지능이 제공하는 정보 일부가 되어 다른 사용자에게 제공되는 개인정보 유출위험도 존재한다(홍승헌 · 심우현 · 황하, 2023).

한국 개인정보보호위원회는 2024년 7월『인공지능 개발 · 서비스를 위한 공개된 개인정보 처리 안내서』를 발표하고 생성형 인공지능 모델 개발에 사용할 수 있는 '인터넷상 공개 데이터' 이용 기준을 제시했다. 인터넷상의 공개 데이터란 일반인들도 합법적으로 접근할 수 있는 데이터지만, 주소 · 고유식별번호 · 신용카드 번호와 같은 민감 정보가 포함되어 있어 안전 조치 없이 인공지능 모델 개발에 사용되는 경우 개인정보가 침해될 우려가 존재한다. 이 안내서는 현행「개인정보 보호법」에 규정하지 않고 있는 공개된 개인정보 처리에 적용될 수 있는 기술적 · 관리적 안전성 확보 조치와 정보 주체 권리 보장 방안을 제시하고 있다(개인정보보호위원회, 2024).

저작권 보호

생성형 인공지능 서비스는 방대한 훈련 데이터를 학습해서 사용자 요구(프롬프트)에 부합하는 콘텐츠를 만들어 주는데, 학습 데이터를 투입하거나 콘텐츠를 생성하여 사용하는 과정 모두에서 저작권 침해 문제가 발생할 수 있다. 구체적으로 학습 과정에서는 서비스 제공자가 저작권이 설정된 콘텐츠를 허락 없이 학습 데이터로 사용하는 경우, 저작권자의 권리를 침해할 수 있다. 서비스 사용자도 생성형 인공지능에 입력하는 텍스트, 이미지, 오디오 등의 프롬프트 내용이 저작권 침해를 유도하지 않도록 주의할 필요가 있다. 사용자가 생성형 인공지능에 저작권이 설정된 이미지나 영상을 무단으로 입력해 얻은 원본과 '유사한' 산출물을 이용하는 경우, 복제권 관련된 저작권 침해 소지가 있다(문화체육관광부 · 한국저작권위원회, 2023).

유럽연합의 「인공지능법」(2024)은 저작권으로 보호되는 콘텐츠를 생성형 인공지능 학습에 이용하는 것을 허용하고 있다. 대신 저작권자가 자신의 저작물이 AI의 학습용 데이터로 사용되었는지 쉽게 파악할 수 있고, 원치 않는 경우 이후에는 이용되지 않도록 설정할 수 있는 사용 유보 권한을 저작권자에게 부여함으로써 인공지능의 개발과 저작권 보호 간 균형을 추구하고 있다(박종구, 2024).

소비자 오인·기만

세계 여러 나라가 딥페이크의 부정한 영향력을 차단하기 위해 법 · 제도를 정비하고 있다. 먼저 유럽연합의 「인공지능법」은 딥페이크와 관련해 투명성 의무를 부과하고 있다. 구체적으로 딥페이크에 해당하는 이미지 · 오디오 또는 비디오 콘텐츠를 생성하거나 조작하는 경우, 해당 콘텐츠가 인위적으로 생성 또는 조작되었음을 공개하고, 명확하게 구별할 수 있도록 조치해야 한다. 딥페이크에 관한 투명성 의무를 준수하지 않는 경우, 위반 기업에는 연간 매출액 3%에 해당하는 벌금이 부과될 수 있다.

우리나라도 2023년 12월 「공직선거법」에 딥페이크 관련 조항을 신설하였다. 이 법은 딥페이크를 "인공지능 기술 등을 이용하여 만든 실제와 구분하기 어려운 가상의 음향, 이미지 또는 영상 등"으로 정의하고 선거일 90일 전부터는 제작 및 게시를 전면 금지하고, 그 외 기간에는 가상의 정보라는 사실을 명확하게 인식할 수 있도록 표시할 것을 규정하고 있다.

이 책의 구성

이 책은 생성형 인공지능으로 대변되는 인공지능 기술 발전이 광고 산업에 어떤 변화를 가져왔는지 그리고 가져올 것인지 일목요연하게 파악할 수 있도록 해 준다. 이 책은 인공지능의 진화를 시작으로 인공지능이 광고 산업의 다양한 영역에서 어떻게 활용되고 있는지, 그리고 광고 산업에서 건강한 인공지능 활용을 위해 요구되는 소비자 역량과 법 · 제도를 다음과 같은 열 개의 장을 통해 살펴보았다.

먼저 인공지능에 대한 이해 형성을 위해 1장에서 '약한' 인공지능과 '강한' 인공지능 등 인공지능의 정의, 생성형 인공지능의 등장과 확산에 관한 국내외 동향에 대해 살펴보았다. 2장에서는 인공 창의성의 의미와 '언어', '시각', '음악' 등 인공 창의성 저작 도구 유형, 인공 창의성 매트릭스에 대해 알아보았다.

3장부터 8장까지는 인공지능이 야기한 광고 산업의 변화를 살펴보았다. 3장에서는 인공지능 시대, 광고 산업의 이슈가 무엇인지 알아보고, 이러한 이슈를 해결하기 위해 광고 마케팅 분야에서 적용된 인공지능 활용 사례와 생성형 인공지능의 잠재력에 대해 알아보았다. 4장에서는 '인공지능 광고'에 대한 개념 정의를 시작으로 통합 마케팅 커뮤니케이션을 위한 인공지능 활용 사례를 살펴보았다. 5장에서는 동일한 프로그램을 시청하는 개별 TV 시청 가구에 서로 다른 광고를 노출하는 맞춤화된 타깃 광고인 어드레서블 TV 광고에 대해 설명하였다. 6장에서는 소비자 여정의 각 단계에서 인공지능의 활용 사례를 소개하였다. 7장에서는 인공지능을 활용한 국내외 영상 광고 제작 사례를 정리하였다. 8장에서는 시장 분석, 광고 카피, 스토리보드 제작 등 광고 기획 전 과정에서 인공지능을 사용할 수 있는 인공지능 기반 광고 창작 지원 공공 인프라인 아이작 시스템의 주요 기능에 대해 설명하였다.

AI의 사회적 효용을 높이기 위해서는 소비자 차원의 노력과 법·제도적 환경 마련이 필요하다. 9장에서는 생성형 인공지능 시대에 소비자에게 요구되는 인공지능에 대한 문해력인 '인공지능 리터러시'가 무엇인지 설명하고, 필요한 '답'을 빠르게 얻어 내는 '프롬프트 엔지니어링(prompt engineering)' 역량에 대해 설명하였다. 마지막 10장에서는 딥페이크나 저작권 침해 가능성과 같은 인공지능 광고의 부정적인 측면을 관리하기 위한 국내외 인공지능 법·제도와 정책 동향에 대해 살펴보았다.

참고문헌

개인정보보호위원회(2024). 『인공지능(AI) 개발·서비스를 위한 공개된 개인정보 처리 안내서』. https://www.pipc.go.kr/np/cop/bbs/selectBoardArticle.do?bbsId=BS074&mCode=C020010000&nttId=10362

곽동균·김남두·주성희·황현정(2024). 생성형 AI가 미디어 분야에 미칠 영향. ≪KISDI Premium Report≫, 2024-04. https://www.kisdi.re.kr/report/view.do?key=m2101113025536&masterId=3934550&arrMasterId=3934550&artId=1789516

문화체육관광부·한국저작권위원회(2023). 『생성형 AI 저작권 안내서』. 문화체육관광부·한국저작권위원회.

박종구(2018). 9장. 데이터경제 시대 스마트광고 리터러시. 한국언론학회(편), 『4차 산업혁명 시대의 미디어 리터러시 교육』(357~405쪽). 지금.

박종구(2019). 12장. DT와 마케팅 커뮤니케이션. 한국언론학회(편). 『데이터 테크놀로지와 커뮤니케이션 연구』(377~400쪽). 커뮤니케이션북스.

박종구(2020). 10장. 광고와 데이터 사이언스. 정원준 외, 『빅데이터의 분석방법과 활용』(249~273쪽). 학지사.

박종구(2021a). 8장. TV 광고의 진화. 한국광고학회(편), 『광고의 미래: 넥스트 10년』(220~237쪽). 학지사.

박종구(2021b). 7장. 인공지능과 광고: AI 광고 사례. 강정석·김지호·박종구·부수현·성용준·안정용, 『인간 정서와 AI』(163~191쪽). 한울아카데미.

박종구(2022). 디지털 전환 시대, 방송광고의 진화. ≪미디어 이슈 & 트렌드≫, 52권, 86~99. https://www.kca.kr/Media_Issue_Trend/vol52/sub04_01.html

박종구(2023a). 『생성형 인공지능과 광고』(KOBACO 광고미디어 트렌드 리포트). 한국방송광고진흥공사.

박종구(2023b). 14장. 인공지능을 활용한 광고기획 실무. 김병희 외. 『디지털 시대의 광고기획 신론』(379~404쪽). 학지사.

박종구(2023c). 4장. 맞춤형 TV 광고의 진화. 한국광고학회(편), 『AI 기반 광고전략』(85~100쪽). 온샘.

박종구(2023d). 『Addressable TV 광고효과 측정방법론 연구』. 한국방송광고진흥공사.

박종구(2024). 8장. AI가 바꾸는 광고PR 법제도. 김주영 외, 『AI가 바꾸는 광고와 PR: 기획부터 윤리까지』(265~294쪽). 이프레스.

우하린·송방현(2024). 국가별 공공부문 AI 도입 및 활용 전략: 영국, 호주, 미국 사례를 중심으로. ≪KIPA 정부혁신 트렌드≫, 2024-4. https://www.kipa.re.kr/site/kipa/research/selectPublishView.do?gubun=IB&pblcteId=PUBL_000000000000977

최광민(2024.12.9). 2025년 주목해야 할 6가지 AI 트렌드. ≪인공지능신문≫, https://www.aitimes.kr/news/articleView.html?idxno=33131

홍승헌·심우현·황하(2023). ChatGPT, 어떻게 규제할 것인가? KIPA 이슈리포트≫, 123호.

Brown, I.(2024). *Mastering marketing data science: A comprehensive guide for today's marketers.* Hoboken, NJ: John Wiley & Sons.

Forrester Consulting(2024). The state of generative AI in media and entertainment: Accelerating GenAI adoption to drive better workflows and customer engagement. https://pages.awscloud.com/rs/112-TZM-766/images/A

WS%20Marketplace_Forrester_%20The%20State%20of%20GenAI%20in%20M%26E.pdf?version=1
Kihn, M., & Lin, A. C.(2025). *Customer 360: How data, AI, and trust change everything.* Hoboken, NJ: John Wiley & Sons.
Mueller, J. P., Massaron, L., & Diamond, S.(2025). *Artificial intelligence for dummies*(3rd ed.). Hoboken, NJ: John Wiley & Sons.
Raman, C., Rao, A., & Yaung, D. (2017). Leveraging the upcoming disruptions from AI and IoT. PWC report. https://www.pwc.com/gx/en/industries/communications/assets/pwc-ai-and-iot.pdf
Singh, S.(2025). *Marketing with AI for dummies.* Hoboken, NJ: John Wiley & Sons.

01
AI 진화

인공지능은 기계 학습을 통해 데이터를 구분해 주는 '판별적' 인공지능에서 인간의 질문에 대한 답을 문자, 음성, 이미지 등의 콘텐츠로 만들어 주는 '생성형' 인공지능으로 진화하고 있다.
생성형 인공지능은 패턴을 인식하고
예측하도록 설계된 기존 인공지능 시스템과 달리 딥러닝 알고리즘을 사용하여 다양한 형태로 새로운 콘텐츠를 만들어 준다.

인공지능 개요

인공지능이란 생명체가 아닌 기계가 정보를 인식하고 합성해서 '인간처럼 이성적으로 사고하고 행동하는(thinking or acting, humanly or rationally)' 지능이다(Mueller, Massaron, & Diamond, 2025:12). 인공지능의 대표적인 활용 사례로는 고급 웹 검색 엔진(구글 검색), 추천 시스템(유튜브, 아마존, 넷플릭스), 음성 인식 서비스(시리, 알렉사), 생성/창조 도구[챗GPT(Generative Pre-trained Transformer)] 등이 있다. 인공지능은 대량의 데이터를 신속, 정확하게 처리해서 정보에 입각한 결정을 내릴 수 있도록 도와주고, 반복적이고 시간 소모적인 작업을 자동화해서 인간이 보다 창의적이고 부가 가치가 높은 작업에 집중할 수 있는 시간을 확보할 수 있도록 해 준다(Routley, 2023.2.1).

바둑에 특화된 인공지능인 알파고처럼 특정 문제만 해결하는 인공지능을 '약'인공지능(weak AI) 또는 '좁은' 인공지능(Artificial Narrow Intelligence, ANI)이라고 한다. 반면 한정된 영역을 넘어 주어진 모든 상황에서 추론하고 학습하고 창작하는 능력도 갖춘 인공지능을 '범용' 인공지능(Artificial General Intelligence, AGI)나 '강'인공지능(strong AI)이라고 부른다. 강인공지능 연구는 스스로 사고하고 일할 수 있는 '슈퍼' 인공지능(Artificial Super Intelligence, ASI) 구현을 목표로 한다. 인공지능은 기계 학습을 통해 데이터를 구분해 주는 '판별적(discriminatory)' 기능을 가진 약인공지능에서 인간의 질문에 대한 답을 문자, 음성, 이미지 등의 콘텐츠로 만들어 주는 강인공지능인 '생성형(generative)' 인공지능으로 진화하고 있다(McKinsey & Compnay, 2024.3.21).

생성형 인공지능의 등장

생성형 인공지능은 딥러닝 알고리즘 GAN(Generative Adversarial Networks)을 사용하여 '텍스트, 이미지, 오디오' 등의 형태로 새로운 콘텐츠를 만들어 준다. 텍스트의 경우, 생성형 인공지능은 번역뿐만 아니라, 뉴스 기사, 시, 심지어 대본을 작성하는 데 사용될 수 있다. 생성형 인공지능은 사람 얼굴을 기반으로 초상화를 그리거나 기존 풍경을 이용하여 새로운 풍경을 생성하는 등 기존 이미지를 기반으로 새로운 이미지를 생성해 준다. 오디오의 경우, 생성형 인공지능은 새로운 음악 트랙, 음향 효과, 음성 연기까지 만들어 낼 수 있다(Cognizant, 2023.1.30).

인공지능은 다양한 소비자 데이터–나이, 성별, 거래, 웹브라우징 기록과 같은 정형 데이터와 이들이 인터넷상에 남긴 말과 사진과 같은 비정형 데이터–를 바탕으로 소비자 구매 여정의 각 단계에서 보다 효과적인 광고가 가능해지도록 도와준다. 광고주가 고객과 그들의 소비 과정에 대해 보다 잘 이해할 수 있도록 도와주는 인공지능 기술들로 자연어 처리(natural language processing, NLP), 이미지 인식(image recognition), 음성 인식(speech recognition), 문제해결 및 추론(problem solving and reasoning), 머신러닝(machine learning) 등이 있다(Kietzmann, Paschen, & Treen, 2018). 기계가 정보를 인식하고 합성해서 추론하는 인공지능은 대량의 데이터를 신속, 정확하게 처리해서 정보에 입각한 결정을 내릴 수 있도록 도와주고, 반복적이고 시간 소모적인 작업을 자동화해서 인간이 보다 창의적이고 부가 가치가 높은 작업에 집중할 수 있는 시간을 확보할 수 있도록 해 준다.

대규모 언어모델 진화

오픈AI(OpenAI)가 2022년 11월 30일 공개한 대규모 언어모델(Large Language Model, LLM) 서비스 '챗GPT'가 놀라운 성능을 보이며, 생성형 인공지능 시대가 시작되었다. 온라인 서비스 중에서 최단기간인 5일 만에 이용자 100만 명을 돌파했으며, 2개월 만에 1억 명의 사용자로 확보했다.

챗GPT는 사람들이 사용하는 언어(자연어)를 사전에 학습하여(Pre-trained), 입력받은 단어 다음에 나올 단어나 문장의 확률을 예측해서(Transformer), 인간의 언어로 생성해 주는(Generative) 인공지능 모델이다.

OpenAI는 GPT-3.5 모델로 만든 챗GPT를 출시한 지 4개월도 지나지 않은 2023년 3월 14일 성능이 향상된 GPT-4를 출시했다. GPT-4는 기존 챗GPT보다 인식 및 추론 능력이 향상되었으며, 이미지를 입력으로 인식하는 멀티모달 기능도 탑재했다(OpenAI, 2023). 오픈AI가 챗GPT를 출시하자 2023년 2월 구글도 자신이 2021년 개발한 초거대 언어모델 '람다(LaMDA)'를 기반으로 챗GPT와 유사한 대화형 인공지능 챗qht '바드(Bard)'를 출시했다.

국내 주요 IT 기업들도 K-콘텐츠가 각광받는 상황에서 한국어 특화 대규모 언어 모델을 개발하고 있다. 2021년 네이버의 하이퍼클로바를 시작으로, GPT-3를 기반으로 한국어에 특화된 초거대 인공지능 언어모델인 카카오브레인의 '코지피티(KoGPT)', LG AI연구원이 개발한 멀티모달 인공지능 '엑사원(EXAONE)' 등을 선보였다.

참고문헌

박종구(2024). 8장. AI가 바꾸는 광고PR 법제도. 김주영 외, 『AI가 바꾸는 광고와 PR: 기획부터 윤리까지』(265~294쪽). 이프레스.

Cognizant(2023.1.30). ChatGPT and the generative AI revolution. https://www.cognizant.com/us/en/insights/perspectives/chatgpt-and-the-generative-ai-revolution-wf1532750

Kietzmann, J., Paschen, J., & Treen, E.(2018). Artificial intelligence in advertising: How marketers can leverage artificial intelligence along the consumer journey. *Journal of Advertising Research, 58*(3), 263~267.

McKinsey & Compnay(2024.3.21). What is artificial general intelligence(AGI)? https://www.mckinsey.com/featured-insights/mckinsey-explainers/what-is-artificial-general-intelligence-agi

Mueller, J. P., Massaron, L., & Diamond, S.(2025). *Artificial intelligence for dummies*(3rd ed.). Hoboken, NJ: John Wiley & Sons.

OpenAI(2023). GPT-4 Technical Report. https://arxiv.org/pdf/2303.08774.pdf

Routley, N.(2023.2.1). Generative AI explained by AI. Visual Capitalist. https://www.visualcapitalist.com/generative-ai-explained-by-ai/

02
인공 창의성

대규모 데이터를 신속, 정확하게 분석해 주는 작업에 주로 사용되었던 인공지능이 이제는 인간이 묻는 것을 다양한 포맷의 콘텐츠로 대답해 주면서 쓸모를 더하고 있다. 생성형 인공지능이 우리 일상의 전면에 등장하면서, 인공 창의성을 활용할 수 있는 창작 도구에 대한 관심도 높아졌다. 인공지능 기술의 발전은 창조 산업과의 공진화를 가져왔다.

인공 창의성 개념

'인공 창의성'이란 인간 수준의 창의성을 발휘할 수 있는 프로그램을 설계하는 것을 목표로 하는 여러 학문 영역이 관련된 연구 분야로 기계와 인간, 생산성과 창의성 사이의 새로운 영역이다. 언어 · 음악 · 시각 등 다양한 분야의 인공 창의성 저작 도구의 등장은 광고를 포함해 창의성을 요구하는 직업을 가진 사람들에게 '인공 창의성을 어떻게 활용할 것인가?'라는 과제를 던져 주고 있다(NessLabs, 2022).

인공 창의성 저작 도구 유형은 광고 카피 생성 등을 포함하는 '언어적' 영역, 이미지 · 디자인이나 영상을 만들어 주는 '시각 · 예술적' 영역, 작곡이나 음성 합성 등에 사용되는 '음악적' 영역에서 인공 창의성을 이용할 수 있는 다양한 창작 도구들이 제공되고 있다.

인공 창의성의 비전에 대한 두 가지 입장이 존재한다. 첫 번째 관점은 인공지능을 인간의 창의성을 향상시키는 수단으로 간주한다. 즉, 영감을 불러일으키고, 아이디어를 제안하고, 창작과 관련된 장애물을 극복하기 위한 조수(copilot)로서의 인공지능이다. 또 다른 관점은 인공지능을 인간의 창의성을 모방해서 자체적으로 새로운 창의적 작업을 할 수 있는 존재로 본다. 한편 창의성의 목표는 탐구적 창의성과 변형적 창의성으로 구분된다. 탐구적 창의성은 일정한 규칙이 지배하는 창작 공간을 탐색하는 과정이다. 반면에 변형적 창의성은 규칙을 변형하여 새로운 창의적 공간을 만드는 과정이다. 인공 창의성 창작 도구는 비전(인간 창의성의 향상 또는 모방)과 목표(탐구적 또는 변형적 창의성)라는 두 축으로 매트릭스를 만들 수 있다.

인공지능은 인지, 추론, 학습, 환경과의 상호 작용, 문제 해결, 심지어 창의성 발휘와 같이 인간의 마음과 관련된 인지 기능을 수행한다. 현재 다양한 산업 분야에서 인공지능이 사용되고 있는데, 광고 산업은 인공지능 사용되는 대표적인 창조 산업이다. 인간의 질문에 대한 답을 글, 이미지(영상), 음성(음악) 등의 양식으로 제시해 주는 생성형 인공지능은 광고 기획을 포함부터 광고물 제작, 광고 효과 분석에 이르기까지 광고 산업의 가치 사슬에서 생산적인 도구로서 쓸모가 더욱 커질 전망이다.

예술 · 디자인 분야에서도 예술가와 디자이너가 새로운 아이디어와 개념을 생성하여 새로운 작품을 만들 수 있도록 지원해 준다. 또한 엔터테인먼트 영역에서는 새로운 비디오 게임, 영화 및 TV 프로그램 제작에 활용할 수 있다. 기존 데이터를 기반으로 새로운 콘텐츠를 만들어 내는 생성형 인공지능은 콘텐츠를 생성하고 소비하는 방식을 바꿀 잠재력을 가지고 있다.

생성형 인공지능은 가까운 미래에 창의성을 요구하는 다양한 창작 작업에 광범위한 영향을 줄 것이다. 인공 창의성 도구로부터 바람직한 결과물을 얻기 위해서는 제대로 된 지시(프롬프트)가 필요하다. 이러한 창작 도구를 효과적으로 사용하는 능력은 가까운 미래에 필수적인 역량이 될 것이다.

인공 창의성 저작 도구

광고 카피 생성 등을 포함하는 '언어적' 영역, 이미지·디자인이나 영상을 만들어 주는 '시각·예술적' 영역, 작곡이나 음성 합성 등에 사용되는 '음악적' 영역에서 인공 창의성을 이용할 수 있는 다양한 창작 도구들이 제공되고 있다(박종구, 2023; 오현석, 2023; NessLabs, 2022).

'언어' 인공 창의성

범용적인 텍스트 생성과 특정 영역에 전문성을 갖춘 다양한 인공 창작 도구들이 존재한다. 재스퍼(Jasper)나 렉스(Lex)와 같은 범용 텍스트 생성 도구는 프롬프트만 입력하면, 독창적인 콘텐츠를 만들어 낸다. 한편 특정 분야의 전문성 있는 텍스트를 생성하는 도구도 있는데, 라벤더(Lavender)는 판매 이메일, 서퍼(Surfer)는 검색 엔진에 최적화된 블로그 게시물, 카피.ai(Copy.ai)는 광고 카피를 자동으로 생성해 준다. 컴퓨터 프로그래밍은 우리가 일하는 방식을 바꿀 수 있는 인공 창의성의 또 다른 영역이다. 리플릿(Replit)이나 깃허브(GitHub)는 '코드 파트너'로서 더 나은 코드를 더 빠르게 작성할 수 있도록 도와준다.

'시각' 인공 창의성

시각 부분에서 인공지능은 주로 이미지 인식에 사용되었다. 그러나 생성형 인공지능의 등장으로 미드저니(Midjourney), 스테빌러티 AI(Stability AI)와 같은 창작 도구를 이용하면, 누구나 프롬프트 창에 몇 개의 단어를 입력하면 이미지를 생성할 수 있다. 이미지 생성형 인공지능 미드저니로 그린 '스페이스 오페라 극장(Théâtre D'opéra Spatial)'이 콜로라도 주립 박람회 미술대회 디지털아트 부문에서 1위를 차지하며, 인공지능 시대 창작의 의미에 대한 논쟁을 일으켰다(안병학, 2023). 한편, 아스트리아(Astria), 아바타 AI(Avatar AI)와 같은 서비스는 소셜 미디어에서 사용할 아바타를 만들어 준다. 한편 오푸스

(Opus)와 같은 창작 도구를 사용하면 텍스트를 동영상으로 생성할 수 있다.

'음악' 인공 창의성

음악 부분에서는 더브버스(Dubverse)와 같은 창작 도구는 생성형 인공지능을 사용하여 더빙을 자동화해서 다국어 비디오를 빠르게 제작할 수 있도록 해 준다. 한편 사운드풀(Soundful)이나 부미(Boomy) 서비스를 이용하면 노래를 만들 수 있다. 한편 엔델(Endel)과 같은 앱은 사용자가 집중하고 싶을 때 또는 휴식을 취하거나 잠을 청할 때 도움이 되는 사운드를 만들어 준다. 이 밖에도 인공 창의성을 활용한 창작 도구는 과학적 연구나 지식 관리 등 다양한 분야에서 사용되고 있다.

참고문헌

박종구(2023). 『생성형 인공지능과 광고』(KOBACO 광고미디어 트렌드 리포트). 한국방송광고진흥공사.

안병학(2023). AI와 함께 우리는, 예술의 역사를 어떻게 써나가야 할 것인가?. ≪예술경영≫, 489. https://www.gokams.or.kr/webzine/wNew/column/column_view.asp?idx=2609&page=1&c_idx=85&searchString=&c_idx_2=

오현석(2023). 『개발자를 위한 챗GPT 활용법』. 심통.

NessLabs(2022). AI and I: The age of artificial creativity. Retrieved from https://nesslabs.com/artificial-creativity

03
AI 시대, 광고 산업의 공진화

소비자와 브랜드가 접촉하는 채널이 다양해진 옴니채널 환경에서 중요한 것은 구매 여정을 관통하는 맞춤화된 일관된 마케팅 커뮤니케이션이다. 광고 산업은 광고 타기팅의 정확도를 높이고, 소비자의 이목을 끌 수 있는 맞춤형 광고를 제공하기 위해, 소비자 구매 여정에서 인공지능 활용 방안을 모색하고 있다.

생성형 인공지능 시대, 광고 산업 이슈

소비자의 관심이 희소한 자원이 되어 버린 주목의 경제(Attention Economy) 시대다. 소비자는 자신과 관련 없는 광고에는 눈길을 주지 않는다. 자신과 관련 없는 광고는 '쓰레기(spam)'지만, 나의 문제(필요)를 해결하는 데 도움이 되는 광고는 '정보'가 된다. 소비자가 필요로 하는 맞춤화된 광고가 필요한 이유다. 자신의 필요에 부합하는 광고 메시지를 요구하는 소비자를 이해하고 고객 전환율을 높이기 위해서는 인지도 제고, 설득, 전환 등 소비자 구매 여정의 모든 단계에서 소비자를 제대로 이해하고 타깃 소비자에게 정확한 시점에 적합한 방법으로 광고 메시지를 전달하는 것이 필요하다(Brown, 2024).

미디어 파편화로 인한 미디어 플래닝의 복잡화, 광고 효과 입증에 대한 높아지는 압력, 기업의 사회적 책임에 대한 요구 증가와 같이 광고 시장 환경이 크게 변했다. 구체적으로 소비자와의 접점이 파편화된 환경에서 다양한 채널을 통해 캠페인을 집행하는 경우, 수십 개, 아니 수백 개의 소비자 접점에서 정보를 수집하고 복잡한 모델을 적용하여 캠페인 전략을 수립하고 광고 집행의 효과를 파악해야 한다(Sterne, 2017; Taylor & Carlson, 2021).

소비자 정보의 통합

데이터 드리븐(Data-driven) 마케팅은 말 그대로 '데이터를 기반으로 데이터가 주도하는 마케팅'이다. 전통적인 광고 대행사가 데이터와 디지털 캠페인에 강한 디지털 대행사나 컨설팅 회사에 흡수되어 새로운 활로를 모색하는 추세다. 아마존은 온라인 쇼핑몰에 머무르지 않고 광고 마케팅의 중심으로 자리매김하며 광고 생태계를 만들어 가고 있다.

아마존이 구글과 페이스북을 제치고 가장 중요한 마케팅 플랫폼이 될 것이란 전망도 나오고 있다. 그런 전망이 나오는 가장 큰 이유는 아마존이 구글이나 페이스북보다 소비자 구매에 대한 훨씬 정확한 정보를 가지고 있기 때문이다. 구글이 소비자가 무엇을 '찾는지에' 대한 정보를 가지고 있다는 것이 강점이라면, 페이스북의 장점은 소비자들이(혹은 그들의 친구가) 무엇을 '좋아하는지'에 대한 정보를 가지고 있다는 점이다. 한편, 아마존은 소비자가 실제로 무엇을 '구매하는지'에 대한 가장 많은 정보를 가지고 있다.

전통적인 구매 결정 과정은 선택지를 점차 좁혀 나가는 '깔때기(funnel)' 모양이다. 그러나 제품의 다양화, 유통채널의 폭발적 확장, 소비자의 정보력 강화에 따라 변화된 구매 결정 과정을 보다 잘 설명할 수 있는 대안적인 모델이 요구되었다. 디지털 기술 발전은 소비자가 소셜 미디어에 표현한 경험과 의견을 분석하는 단계를 넘어, 소비자의 온라인 행적을 추적하고 데이터베이스화하여 분석하는 것을 가능케 했다.

온라인 광고가 활성화되면서 부각된 개념이 소비자가 여러 웹사이트(채널)를 넘나드는 흐름을 파악해 최종 구매 결정을 하는 패턴을 찾아내는 '소비자 구매 여정(consumer decision journey, 이하 CDJ)' 모델이다(Court, Elzinga, Mulder, & Vetvik, 2009). 소비자와 브랜드가 접촉하는 채널이 다양해진 옴니채널 환경에서 중요한 것은 구매 여정을 관통하는 맞춤화된 일관된 마케팅 커뮤니케이션이다(박종구, 2019; Brown, 2024).

'미디어' 바잉에서 '오디언스' 바잉으로

고객의 마음을 가장 잘 해석할 수 있는 데이터가 고객의 행동 데이터다. 디지털 시대로 넘어오면서 소비자의 행동을 초 단위로 관찰해서 고객의 다음 행동을 예측할 수 있게 되었다. 디지털 기술 발전에 따라 광고 산업은 채널 중심에서 소비자의 메시지 수용 중심(Receptivity-focused)으로, 메시지 중심에서 소비자 연관성 중심으로

(Relevance-focused) 진화했다. 이러한 변화 과정에서 스마트폰으로 대변되는 모바일 미디어 환경은 소비자의 모든 행동을 데이터로 저장, 분석해서 소비자 연관성을 높인 맞춤화된 광고 메시지 전달을 가능케 했다.

데이터 기반 광고는 광고 집행 방식을 '미디어' 바잉(Media Buying)에서 '오디언스' 바잉(Audience Buying)으로 변화시켰다. 미디어 바잉은 전통 미디어의 광고 인벤토리(시공간)를 구매하는 방식으로 신문 지면(공간)이나 TV 프로그램 스폿(시간)을 구매해서 광고를 집행하는 것이다. 미디어 바잉 방식의 광고 집행은 전체 이용자가 같은 매체에 같은 시간에 노출되는 매스 미디어에 적합하다. 한편 오디언스 바잉은 나이, 성별, 구매 이력, 관심사 등 특정 성향을 가진 '타깃' 미디어 이용자의 노출만을 구매하는 방식이다(조창환, 2019). 데이터 기반 광고는 소비자의 디지털 행동들을 추적 분석하여 적확한 마케팅 활동을 할 수 있지만, 이러한 장치가 잘 작동되려면 양질의 소비자 빅데이터 확보가 필요하다(Brown, 2024).

광고 산업의 인공지능 활용 모색

인공지능은 인지, 추론, 학습, 환경과의 상호 작용, 문제 해결, 창의성 같은 인간 능력을 모방한다. 현재 다양한 산업 분야에서 인공지능이 사용되고 있는데, 광고 산업은 인공지능을 효과적으로 사용할 수 있는 대표적인 산업이다. 특히, 생성형 인공지능은 광고 기획, 광고 카피나 광고물, 캠페인 테스트 등 다양한 광고 프로세스에 영향을 주는 광고 산업의 핵심 자원으로, 가까운 미래에 광고 캠페인의 성공 여부는 생성형 인공지능의 활용 역량에 의해 결정될 것으로 전망된다(메조미디어, 2024; Double-Verify, 2024; McKinsey & Company, 2023.4.24).

참고문헌

메조미디어(2024). Generative AI: 마케팅 산업의 새로운 혁신. ≪2025 MEZZOMEDIA TREND PEPORT≫, 3~10. https://lib.mezzomedia.co.kr/newsletter/202412/01_MezzoMedia_2025_Trend_Report.pdf

박종구(2019). 12장. DT와 마케팅 커뮤니케이션. 한국언론학회(편). 『데이터 테크놀로지와 커뮤니케이션 연구』(377~400쪽). 커뮤니케이션북스.

박종구(2023). 4장. 맞춤형 TV 광고의 진화. 한국광고학회(편), 『AI 기반 광고전략』(85~100쪽). 온샘.

조창환(2019). 데이터 기반 마케팅 시대의 개막 두려워만 하지 말고 작게라도 지금 바로 도전하라!. ≪DAEHONG communications≫, 262, 6~9.

Brown, I.(2024). *Mastering marketing data science: A comprehensive guide for today's marketers.* Hoboken, NJ: John Wiley & Sons.

Court, D., Elzinga, D., Mulder, S., & Vetvik, O. J.(2009). The consumer decision journey. *McKinsey Quarterly, 3*(3), 96~107.
www.mckinsey.com/business-functions/marketing-and-sales/our-insights/the-consumer-decision-journey

DoubleVerify(2024). DV global insights: 2024 trends report. https://doubleverify.com/wp-content/uploads/2024/07/DV_Report_GlobalInsights_2024_Global.pdf

McKinsey & Company(2023.4.24). What is AI? https://www.mckinsey.com/featured-insights/mckinsey-explainers/what-is-ai?stcr=CB6DBFF923C34A828A121F711024050B&cid=other-eml-alt-mip-mck&hlkid=987472c7388d415d880da93cce85702f&hctky=11494501&hdpid=e06be9f8-85a5-44eb-acd0-40b86e19f09c

Salesforce(2021). 5 ways Artificial Intelligence is changing advertising
sales.www.salesforce.com/blog/artificial-intelligence-advertising-sales/

Sterne, J.(2017). *Artificial intelligence for marketing: Practical applications.* Hoboken, New Jersey: John Wiley & Sons.

Taylor, C. R., & Carlson, L.(2021). The future of advertising research: new directions and research needs. *Journal of Marketing Theory and Practice, 29*(1), 51~62.

04
AI 광고

인공지능은 광고주가 소비자들을 이해하고 커뮤니케이션하는 방법을 바꾸고 있다. 인공지능은 소비자가 구매 여정에서 남기는 다양한 소비자 데이터를 수집 · 분석해서 소비자 구매 여정의 각 단계에서 적합한 순간에, 효과적인 채널을 통해 소비자에게 맞춤화된 광고를 전달해 준다.

광고의 진화, '인공지능 광고'의 등장

광고계는 소비자에 대한 인사이트 발굴, 광고 제작, 미디어 플래닝, 광고 효과 분석 등에서 인공지능을 활용하는 방안을 모색해 왔다. 광고학 분야의 대표적인 국제학술지 ≪광고저널(Journal of Advertising)≫은 2019년 '인공지능과 광고(Artificial Intelligence and Advertising)'라는 특집호를 시작으로 2020년과 2021년에도 '컴퓨테이셔널 광고(Computational Advertising)'와 '인공지능의 기회와 위협 그리고 광고'라는 특집호를 마련하고 인공지능이 광고 산업에 미치는 영향이 무엇인지 지속적으로 살펴보고 있다(Huh, Nelson, & Russell, 2023).

인공지능을 활용하는 광고에 대한 정의도 마련되고 있다. '소비자 중심 데이터 기반 알고리즘 매개 브랜드 커뮤니케이션(consumer-centered, data-driven, and algorithm-mediated brand communication)'을 의미하는 '지능형 광고(intelligent advertising)'(Li, 2019:333) 개념이 제안되었다. 인공지능 광고에 대한 개념화 연구가 지속되면서 2021년에는 '(소비자) 설득 의도로 인간과 기계로부터 제공되는 데이터를 학습하는 다양한 인공지능 기능을 사용하는 브랜드 커뮤니케이션(brand communication that uses a range of machine functions that learn to carry out tasks with intent to persuade with input by humans, machines, or both)'으로 정의되는 '인공지능 광고(AI advertising)' 개념이 제시되었다(Rodgers, 2021:2).

한편, 감성 소구 광고란 소비자로부터 정서적인 반응을 이끌어 내는 광고로 감정적인 유대감을 형성하기 위해 텍스트, 이미지, 배경 음악 등의 요소를 광고물에 통합해서 소비자에게 전달한다. 소비자의 상황에 따라 맞춤화된 광고를 제공하는 문맥 광고(Contextual Advertising) 분야에서 감성 인공지능 활용 가능성에 대한 관심이 커졌다. 구체적으로 인공지능을 통해 다양한 채널에서 수집된 소비자에 대한 감정적 단서 데이터를 종합적으로 분석해서 개별 소비자의 감성에 맞춤화된 광고를 전달하는 방법이 연구되고 있다. 그러나 파악된 감정에 적절히 반응하기 위한 감정 생성과 감정 증강 기술은 상대적으로 취약하며, 사회적 차원에서는 표정 등 생체 인식과 관련해 인공지능이 야기할 수 있는 프라이버시 침해 방지 방안에 대한 논의가 요구되고 있다(박종구, 2021).

인공지능이 가져온 기회

인공지능을 활용한 맞춤형 서비스는 분석 수준을 고도

화해 개인의 선호를 보다 잘 반영함으로써 소비자의 관여도를 상승시키고 그 결과로 마케팅 성과 또한 높여 준다. 현재 광고 산업은 광고 타기팅의 정확도를 높이고, 소비자의 이목을 끌 수 있는 맞춤형 광고를 제공하기 위해 소비자 구매 여정의 각 단계에서 인공지능을 활용하고 있다. 이와 더불어 생성형 인공지능의 확산으로 현재 인공지능은 기계 학습을 통해 데이터 패턴을 파악해서 분류하는 '판별적(Discriminatory)' 기능을 넘어, 텍스트(프롬프트) 입력만으로 동영상 광고를 만들어 낼 수 있는 '생성형(Generative)' 인공지능 시대로 진입했다. '인공 창의성'이란 인간 수준의 창의성을 보여 주는 프로그램 설계를 목표로 하는 연구 분야다. 텍스트 생성과 같은 '언어적' 영역, 이미지나 영상을 만들어 주는 '시각적' 영역, 작곡이나 목소리 생성 등에 사용되는 '음성적' 영역의 생성형 인공지능 시스템의 등장은 광고를 포함한 다양한 창조 산업 종사자들에게 '인공지능을 어떻게 활용해야 하는가?'라는 과제를 주었다.

인공지능을 활용한 맞춤형 서비스는 분석 수준을 고도화해 개인의 선호를 보다 잘 반영함으로써 소비자의 관여도를 상승시키고 그 결과로 마케팅 성과 또한 높여 준다. 그러나 인공지능 기반의 개인화 서비스를 제공하기 위해서는 소비자 데이터 활용이 필수적이며, 이 과정에서 개인정보를 보호하고 소비자에게 자신의 데이터를 사용해도 좋다는 명시적인 동의를 구해야 한다. 제공자는 인공지능 서비스를 제공하기 위해 데이터를 어떻게 수집하고 사용하는지 설명을 제공하고, 소비자가 자신의 데이터를 통제할 수 있는 환경을 제공해야 하며, 원하는 경우 맞춤형 서비스를 거부하는 선택지를 소비자에게 주어야 한다(Ford, Jain, Wadhwani, & Gupta, 2023; Huh et al., 2023).

특히 생성형 범용 인공지능이 문자뿐만 아니라 음성과 이미지·영상 데이터를 학습해서 다양한 형태의 결과물을 만들어 주는 '멀티모달(Multimodal)'로 진화하면서, 인공지능이 창출하는 사회적 효용을 높이기 위한 진흥 정책과 함께 프라이버시와 지적재산권 침해, 딥페이크로 인한 소비자 기만과 같은 문제에 대한 해결 방안도 동시에 요구받고 있다.

참고문헌

박종구(2021). 7장. 인공지능과 광고: AI 광고 사례. 강정석 외, 『인간 정서와 AI』(163~191쪽). 한울아카데미.

박종구(2023). 14장. 인공지능을 활용한 광고기획 실무. 김병희 외. 『디지털 시대의 광고기획 신론』(379~404쪽). 학지사.

Ford, J., Jain, V., Wadhwani, K., & Gupta, D. G.(2023). AI advertising: An overview and guidelines. *Journal of Business Research,* 166.

Huh, J., Nelson, M. R., & Russell, C. A.(2023). ChatGPT, AI advertising, and advertising research and education. *Journal of Advertising, 52*(4), 477~482.

Li, H.(2019). Special Section Introduction: Artificial Intelligence and Advertising. *Journal of Advertising 48*(4), 333~337.

Rodgers, S.(2021). Themed issue introduction: Promises and perils of artificial intelligence and advertising. *Journal of Advertising, 50*(1), 1~10.

05
맞춤형 TV 광고

빅데이터 기반 인공지능이 주도하는 광고 시장으로의 변화는 소비자의 주목과 광고주의 광고비를 놓고 경쟁해야 하는 전통적인 TV 산업에 커다란 도전이다. 그리고 이 과정에서 TV 광고도 진화하고 있다. 국내외 방송사업자들은 대규모 잠재 고객에게 접근할 수 있는 TV 광고의 장점과 타기팅을 가능하게 해 주는 디지털의 장점을 결합한 '맞춤형' TV 광고에 주목하고 있다.

TV 광고의 진화: 융합형 TV 광고

맞춤형 TV 광고는 디지털 기반 미디어 서비스 확산으로 인한 소비자 기대와 이용 행태 변화와도 흐름을 같이 한다. 인공지능 시대 소비자는 자신의 취향과 욕구에 맞춤화된 콘텐츠를 제공하는 미디어 플랫폼을 선호한다. 그리고 소비자의 주목을 쫓아야만 하는 광고주 또한 변화된 미디어 이용 환경에 적응하기 위해 타깃 마케팅을 강화하고 있다. TV 광고는 광고 산업에서 여전히 중요한 역할을 차지하고 있지만, 미디어 이용 행태 변화에서 자유롭지 못하다. 시청자가 필요로 하는 광고를 제공하고자 하는 것이 방송사업자들이 맞춤형 TV 광고에 주목하는 이유다(박종구, 2022; Fletcher, 2024.10.16).

'융합형(Convergent)' TV란 실시간 '선형(Linear)' 서비스와 '진화형(Advanced)' TV 서비스를 결합한 TV 생태계를 말한다(LUMA Partners, 2022). 진화형 TV 서비스 유형으로는 'Connected TV(이하 CTV)'와 'Addressable TV'(이하 ATV)' 등이 있다(IAB, 2018). CTV와 ATV 같은 진화형 TV의 경우 타기팅과 광고 효과 측정이 가능하다. 시청자 입장에서 실시간 TV 서비스와 주문형 TV 서비스의 경계가 흐려지고 있다. 시청자의 다양한 TV 시청 행태에 맞추어 실시간과 비실시간 TV 광고를 결합해 타깃 고객의 순증 도달률을 제고하는 융합형 TV 광고 전략의 중요성이 커지고 있다.

커넥티드(Connected) TV 광고

'인터넷에 연결된 TV'로 정의되는 CTV는 OTT 콘텐츠가 유통되는 창구다. CTV는 전 세계적으로 소비자들이 선호하는 스트리밍 서비스 중 하나로 전 세계적으로도 빠르게 확산되고 있다. CTV는 미국에서 가장 빠르게 성장하는 광고 시장으로 주목받고 있다.

CTV 광고는 성과 측정이 용이하고 다양한 이점을 제공한다. 구체적으로 CTV 광고는 시청자의 광고 시청 여부를 파악할 수 있어, 광고에 노출되지 않은 시청자에게 효과적이고 효율적으로 접근할 수 있다. CTV '증분성(incrementality)'이란 CTV 광고를 미디어 믹스에 포함해서 얻은 추가적인 노출 가치로, 다른 채널에서 도달하지 못하는 새로운 관객에게 브랜드 인지도와 구매 의도를 강화하는 데 도움이 된다(Advanced Television, 2024.11.12; 2024.11.22; INNOVID, 2024; Lafayette, 2024.8.15; tvScientific, 2023).

어드레서블(Addressable) TV 광고

전통적인 TV 광고는 특정 프로그램을 시청할 것으로 예상되는 성별·연령 기준의 시청자 집단을 대상으로 하는 타깃 '추정' 광고다. 이처럼 전통적인 TV 광고가 모든 시청자에게 동일한 광고를 전달했다면, ATV 광고는 타깃 가구에만 맞춤화된 광고를 노출한다. 다시 말해, ATV 광고란 셋톱박스 기반 방송 서비스에서 제공되는 맞춤형 TV 광고로, '동일한 프로그램을 시청하는 개별 시청 가구에 서로 다른 광고를 노출하는 맞춤화된 타깃 광고'로 정의된다.

ATV 광고는 셋톱박스를 통해 수집된 전문 편성, 홈쇼핑 채널과 같이 시청자의 취향과 관심 품목 등을 파악할 수 있는 시청 행태 데이터를 기반으로 시청자 집단을 세분해서 광고주에게 맞춤형 광고를 제안하고, 광고주는 자사의 목표 고객에 해당하는 시청자 세그먼트를 구매해 타깃 광고를 집행한다. 이른바 오디언스 바잉(audience buying)이다(박종구, 2020).

어드레서블 TV 광고 미국 동향

미국의 사례를 살펴보면, ATV 광고 시장의 성장률은 높지만, ATV 광고를 집행할 수 있는 광고 인벤토리(광고 시간)의 공급은 부족한 상황이다. 현재 ATV 광고를 집행할 수 있는 광고 시간은 유료방송사업자(케이블TV · 위성방송)가 광고 판매권을 가지고 있는 시간당 2분 동안의 '스테이션 브레이크 광고'에 국한되어 있다. 다시 말해 대부분의 광고 인벤토리를 보유한 채널사업자(TV 네트워크)의 광고에는 ATV 광고가 적용되고 있지 않다.

경제 상황, 광고 시장 트렌드, 광고 매체 간 경쟁 등 다양한 요인들이 ATV 광고 성장률에 영향을 주겠지만, ATV 광고를 집행할 수 있는 광고 인벤토리의 확대는 ATV 광고의 핵심 성공 요인이다. 시간당 15분의 광고 인벤토리를 가지고 있는 TV 네트워크가 유료방송사업자와 협력해서 인기 프로그램의 광고 시간에 ATV 광고를 적용하는 경우, ATV 광고의 성장 가능성은 커질 것이다.

현재 미국에서는 ATV 광고 기술협의체인 '프로젝트 OAR'이 운영되고 있다. 2018년에 결성된 이 협의체는 개인정보 보호를 준수하는 소비자 지향적인 ATV 광고 생태계를 조성하고, ATV 광고의 판매 · 타기팅 · 광고 효과 등 다양한 영역에서 광고 인벤토리를 최적화하고 정밀한 맞춤형 광고를 제공하기 위한 기술 표준을 개발하고 있다. 현재 폭스코퍼레이션(Fox Corporation), 비아컴CBS(ViacomCBS), 디즈니미디어네트워크(Disney Media

Networks), 워너미디어(WarnerMedia) 등이 협의체에 참여하고 있으며, ATV 광고를 전국 TV네트워크 프로그램에 적용하는 것을 목표로 기술 시험을 진행하고 있다.

타기팅이 가능한 ATV 광고는 더 높은 광고 단가 책정을 통해 더 많은 광고 수입을 얻을 기회를 방송사업자에게 제공한다. 한편 광고주는 타깃 시청자 집단에게만 광고를 노출할 수 있기 때문에 비용 대비 수익(Return on Ad Spend, ROAS)을 높일 수 있다.

어드레서블 TV 광고 한국 동향

국내에서도 타기팅이 가능한 실시간 ATV 광고가 집행되고 있다. 구체적으로 SK브로드밴드(BTV)가 2016년 2월 '스마트 빅 애드(Smart Big Ad)'라는 광고 상품을 출시했고, 2017년에는 KT(Olleh TV)의 '라이브 애드(Live Ad)'와 LG유플러스(U+TV)의 '아트 애드(Art Ad)'가 소개되면서 초기 시장이 형성되었다. 해외 사례에서 살펴본 것처럼 ATV 광고 확산을 위해서는 ATV 광고 인벤토리 확대, 광고 효과 측정 및 검증, 소비자의 프라이버시에 대한 우려 해소 등 해결해야 과제가 적지 않다. 이러한 과제는 한국에서 ATV 광고가 성장하기 위해 해결해야 하는 이슈이기도 하다.

가장 중요한 과제는 제한된 광고 인벤토리를 확대하는 것이다. 그동안 실시간 ATV 광고 인벤토리는 유료방송채널사용사업자(PP)가 플랫폼인 IPTV사에 제공하는 시간당 2분 동안의 큐톤광고 시간에 불과했다. 그러나 2021년 광고 인벤토리를 확대하기 위해 영향력 있는 지상파 방송사의 프로그램 광고에도 ATV 광고를 적용하는 방안이 논의되었고, 2021년 하반기에 MBC가 ATV 광고 도입을 결정했다. 이로써 한국의 ATV 광고 시장은 IPTV 플랫폼의 광고 재원을 판매했던 ATV 광고 1.0 시대에서 지상파방송사의 광고 인벤토리에 ATV 광고가 적용되는 ATV 광고 2.0 시대로 진입했다. 2024년 8월 한국 IPTV 3사(KT · SK브로드밴드 · LG유플러스)는 전국의 2000만 명이 넘는 IPTV 가입자를 대상으로 오디언스 타기팅과 빅데이터 기반 효과 분석이 가능한 어드레서블 TV 광고 통합 상품을 출시했다. 광고주는 이 상품을 통해 IPTV 플랫폼이 보유한 전수 시청 이력 데이터를 기반으로 광고를 끝까지 시청한 경우에만 광고비를 지불하고, 광고를 보지 않은 가구만을 선별해 광고를 집행할 수 있다(권혜미, 2024.8.21; 한국방송광고진흥공사, 2024).

맞춤형 TV 광고의 미래

'데이터 기반 타기팅', '인공지능'이라는 키워드로 대변되는 미디어 · 광고 산업의 디지털 전환이 가속화되고 있다. '매스 타기팅'이라는 TV 광고의 차별적인 기능은 여전히 유효하지만, '맞춤형 광고'로의 전환 추세는 속도의 문제일 뿐, 방향의 문제는 아닌 듯하다. 광고 시장의 어떤 이해관계자도 피해 보지 않는 방식으로 맞춤형 광고를 제공하는 방법과 제도가 필요할 뿐, 광고가 쓰레기(spam)가 아닌 자신의 문제를 해결해 주는 정보(information)가 될 수 있도록 해 주는 '맞춤형 광고'는 광고 진화의 지향점이다.

그리고 이러한 변화 속에서 TV 광고도 공진화하고 있다. 거스를 수 없는 광고 시장의 변화에 적응하기 위해 국내외 방송사업자들은 대규모 잠재 고객에게 접근할 수 있는 TV 광고의 장점과 타기팅이 가능한 인공지능기술의 장점을 결합한 맞춤형 TV 광고에 주목하고 광고 상품 개발과 확산을 위한 실험을 계속하고 있다(TVREV, 2024; 2024.8.23).

맞춤형 TV 광고의 성장 속도는 타기팅 정확도, 오디언스 인벤토리 규모, 순증 도달률 달성 역량, 신뢰할 수 있는 정확하고 투명한 데이터에 근거한 광고 효과 제공에 달려 있다. 인공지능 시대 맞춤형 TV 광고의 핵심 성공 요인은 시청자가 필요로 하는 관련성 높은 광고를(Targeting), 적절한 규모의 구매 가능성이 높은 고객에게(Inventory), 목표로 삼은 순증 도달률을 기록하며(Reach Incrementality), 광고 성과를 광고주에게 객관적으로 보여 주는 데(Measurement) 달려 있다(박종구, 2023).

참고문헌

권혜미(2024.8.21). IPTV 3사, 실시간 TV 통합 광고 플랫폼 출시. ≪전자신문≫. https://www.etnews.com/20240821000007

박종구(2020). 10장. 광고와 데이터 사이언스. 정원준 외, 『빅데이터의 분석방법과 활용』(249~273쪽). 학지사.

박종구(2022). 디지털 전환 시대, 방송광고의 진화. ≪미디어 이슈 & 트렌드≫, 52권, 86~99.

박종구(2023). 『Addressable TV 광고효과 측정방법론 연구』. 한국방송광고진흥공사.

한국방송광고진흥공사(2024). “kobaco 신규 세그먼트&상품 소개”. ≪KOBACO 어드레서블 TV 뉴스레터≫, 2024년 8월호. https://kobaco-addressable.stibee.com/p/13/

Advanced Television(2024.11.12). Samsung reveals key moments for CTV advertisers. https://advanced-television.com/2024/11/12/research-samsung-reveals-key-moments-for-ctv-advertisers/

Advanced Television(2024.11.22). CTV ads deliver for beauty

brands. https://advanced-television.com/2024/11/22/study-ctv-a-powerhouse-for-beauty-brands/
Fletcher, B.(2024.10.16). Addressing TV ad fragmentation: Don't try to boil the ocean. StreamTV. https://www.streamtvinsider.com/advertising/cimm-summit-dont-try-boil-ocean-address-what-you-can-tv-ad-market-fragmentation
INNOVID(2024). 2024 Advertising insights report. https://www.innovid.com/wp-content/uploads/2024/05/Innovid-2024-Finance-Insurance-Report.pdf?form-type=content_download
Interactive Advertising Bureau(2018). Advanced TV Targeting. https://www.iab.com/wp-content/uploads/2018/11/IAB_Advanced_TV_Targeting_2018-11.pdf
Lafayette, J.(2024.8.15). Viewers still watch linear TV and addressable ads help marketers reach them. Next TV. https://www.nexttv.com/news/viewers-still-watch-linear-tv-and-addressable-ads-help-marketers-reach-them-go-addressable-study-asserts
LUMA Partners(2022). Convergent TV LUMAscape. https://lumapartners.com/lumascapes/
TVREV(2024). Don't get caught sleeping on CTV's retail media revolution. https://static1.squarespace.com/static/60df3ea739725c04ca27d651/t/6716bc29a1822100f5c25b0a/1729543210213/Retail+Media+on+CTV+Report_10.20.pdf
TVREV(2024.8.23). The future of CTV: Data, creativity, and technology in advertising. https://www.tvrev.com
tvScientific(2023). The CTV advertising playbook: A marketer's guide to building, launching & measuring CTV campaigns. https://8975772.fs1.hubspotusercontent-na1.net/hubfs/8975772/Gated/CTV_Advertising_Playbook.pdf

06
소비자 구매 여정과 AI

소비자 구매 결정 과정은 필요와 욕구에 대한 인지를 시작으로 초기 고려, 적극적인 평가, 구매 및 구매 후 행동의 과정을 거친다. 그러나, 제품 다양화와 유통 채널의 폭발적 확장, 소비자 정보력 강화에 따라 소비자 중심의 터치 포인트 관리를 강조한 '소비자 구매 여정' 개념이 등장했다. 변화된 소비자 환경에서 광고 목표를 효과적으로 달성하기 위한 인공지능 활용이 모색되고 있다.

소비자 구매 결정 과정

자신의 필요에 부합하는 광고 메시지를 요구하는 소비자를 이해하고 고객 전환율을 높이기 위해서는 인지도 제고, 설득, 전환 등 소비자 구매 여정의 모든 단계에서 '소비자를 제대로 이해하고 타깃 소비자에게 정확한 시점에 적합한 방법으로 광고 메시지를 전달'하는 것이 필요하다.

소비자 구매 결정 과정은 필요/욕구 인지를 시작으로 초기 고려, 적극적인 평가, 구매 및 구매 후 행동의 과정을 거친다(Court, Elzinga, Mulder, & Vetvik, 2009). 이 과정에서 인공지능은 사람과는 비교할 수 없을 정도로 탁월한 분석을 한다. 광고 산업에서 인공지능의 활용 영역은 소비자 인사이트 발굴, 고객 세분화, 맞춤화된 서비스를 제공하기 위한 예측모델링과 프로세스 자동화에 이르기까지 빠르게 확장되고 있으며, 광고의 지능화를 이끌 수 있는 수단으로 주목받고 있다(Salesforce, 2021; Taylor & Carlson, 2021).

통합 마케팅 커뮤니케이션

마케팅은 '다른 사람과 함께 가치 있는 제품과 서비스를 만들어 제공하고 자유롭게 교환함으로써 개인과 조직의 필요와 욕구를 충족시키는 사회적 과정'이다. 한편, 마케팅 커뮤니케이션은 기업이 판매하는 제품과 상표에 대해 직접 또는 간접적으로 소비자들에게 정보를 제공하고, 설득하며 또한 생각하도록 시도하는 수단들로 '광고와 홍보를 포함'하는 개념이다(박종구, 2019).

마케팅 커뮤니케이션 수단들을 개별적으로 활용하게 되면 일관적인 메시지를 전달할 수 없다. 이것이 '통합 마케팅 커뮤니케이션(Integrated Marketing Communication, 이하 IMC)'이 등장한 배경이다. IMC는 정보통신 혁명으로 고객과의 접점이 폭발적으로 늘어난 상황에서 고객과의 모든 접점에서 일관된 소통을 할 수 있도록 프로모션의 구성 요소인 광고, PR, 판매 촉진 등을 독립적인 수단으로 보지 않고 통합적으로 활용하는 커뮤니케이션 전략을 수립해서 추진하는 것을 말한다(Batra & Keller, 2016).

소비자 구매 결정 과정에 따른 AI 활용 사례

인공지능은 효과적이고 효율적인 IMC를 수행하기 위해 필요/욕구 인지를 시작으로 초기 고려, 적극적인 평가, 구매 및 구매 후 행동으로 이루어진 소비자 구매 의사 결정 과정에서 활용되고 있다.

먼저 소비자 필요/욕구 발견 단계에서는, 인공지능이 도입되기 전에도 광고주들은 시장 조사나 웹 분석, 데이터 마이닝을 통해 고객의 니즈를 이해하기 위한 정보를 구축해 왔다. 그러나 인공지능의 도입으로 파편화된 미디어 환경에서 소비자가 남긴 디지털 흔적들을 종합적으로 수집·분석해서 떠오르는 소비자 니즈와 욕구를 파악할 수 있게 되었다.

초기 고려 단계에서 소비자는 자신의 니즈를 충족시킬 수 있는 대안들을 수집해 검토한다. 이 단계에서 광고 목표는 자사 브랜드가 선택 대안에 포함되도록 하는 것이다. 이 단계에서 광고주는 인공지능을 활용해 특정 시점에 소비자의 정보 요구를 충족시킬 가능성이 가장 높은 광고 메시지를 파악해서 제시할 수 있다.

소비자들이 선택 대안을 적극적으로 평가하는 단계에서 광고 목표는 구매 가능성이 높은 소비자를 파악해 신뢰할 수 있고 설득력 있는 광고 메시지를 전달하는 것이다. 이 단계에서 인공지능은 구매 가능성 점수화, 광고 메시지 개인화, 감성 인공지능을 통해 목표 달성의 가능성을 높인다. 인공지능은 실시간으로 소비자 행동을 파악해 개인화된 광고 메시지를 전달할 수 있다.

구매 단계에서 광고주는 경쟁사보다 뛰어난 자사 제

품의 가치를 강조함으로써 소비자가 제품을 구매하도록 만드는 것을 광고 목표로 삼는다. 이 과정에서 인공지능은 구매 과정을 지능화하고 동적인 가격 설정 등을 가능하게 해 준다. 동적인 가격 설정이란 소비자 행동, 계절성 및 경쟁사 판매 가격 등에 대한 정보를 종합적으로 분석해서 실시간으로 가격을 조정하는 것을 말한다.

구매 후 단계에서도 재구매율을 높이기 위한 소비자 지원이나 성향 모델링을 위해 인공지능이 사용되고 있다. 고객 성향 모델링이란 고객 라이프 사이클이나 이탈 성향 등을 파악하기 위한 것으로 인공지능을 통해 예측 모델링이 이루어지면, 광고주는 예측 모델이 제시하는 기준에 따라 개인화된 고객 관계 관리를 할 수 있다.

소비자 구매 여정과 인공지능

제품의 다양화, 유통 채널의 폭발적 확장, 소비자 정보력 강화에 따라 기존 모델로는 변화된 소비자 구매 결정 과정을 설명하기 어려워졌다. 그 결과로 등장한 대안적인 모델이 '소비자 구매 여정(Consumer Decision Journey, 이하 CDJ)'이다. 마케팅 커뮤니케이션의 핵심적인 목표 중 하나는 소비자 구매 여정에 영향을 미치는 순간인 소위 '터치 포인트(Touch Points)'에 소비자와 커뮤니케이션할 수 있는 접점을 형성하는 것이다(Kietzmann, Paschen, & Treen, 2018).

디지털 기술의 발전은 소비자가 소셜미디어에 표현한 경험과 의견을 분석하는 단계를 넘어서, 소비자들이 온라인에서 남긴 흔적들을 수집해서 분석하는 것을 가능하게 해 주었다. CDJ 모델은 소비자가 여러 웹사이트를 클릭하며 내비게이팅하는 흐름을 파악하여 소비자가 최종 구매 결정을 하는 과정을 설명해 준다. CDJ 모델이 기존의 깔때기 모델과 차별화되는 부분은 소비자들의 적극적인 정보 탐색으로 인해, 기존 모델이 말하는 것처럼 평가 단계에서 고려 대상 브랜드의 수가 줄어드는 것이 아니라 오히려 늘어날 수 있다는 점이다. 그리고 소비자 정보 주권 시대로 접어들면서, 구전이나 정보 공유 사이트와 같은 '소비자 중심의 터치 포인트'에 대한 관리의 중요성이 대두되었다는 것도 기존 모델과 차별화된 점이다(Court et al., 2009; Kietzmann, et al., 2018). 인공지능은 소비자가 '나를 알아본다'고 느끼는 통합적이고 개인화된 마케팅 커뮤니케이션을 실현하고 있다. 인공지능의 진화는 고객을 보다 쉽게 찾아 더 나은 맞춤화된 서비스를 제공하는 마케팅 커뮤니케이션 시대를 가져올 것이다(박종구, 2023; Brown, 2024; Cady, 2025; Kihn & Lin, 2025).

참고문헌

박종구(2019). 12장. DT와 마케팅 커뮤니케이션. 한국언론학회(편). 『데이터 테크놀로지와 커뮤니케이션 연구』(377~400쪽). 커뮤니케이션북스.

박종구(2023). 14장. 인공지능을 활용한 광고기획 실무. 김병희 외. 『디지털 시대의 광고기획 신론』(379~404쪽). 학지사.

Batra, R., & Keller, K. L.(2016). Integrating marketing communications: New findings, new lessons, and new ideas. *Journal of Marketing, 80*(6), 122~145.

Brown, I.(2024). *Mastering marketing data science: A comprehensive guide for today's marketers.* Hoboken, NJ: John Wiley & Sons.

Cady, F.(2025). *The data science: Handbook*(2nd ed). Hoboken, NJ: John Wiley & Sons.

Court, D., Elzinga, D., Mulder, S., & Vetvik, O. J.(2009). The consumer decision journey. *McKinsey Quarterly, 3*(3), 96~107.

Kietzmann, J., Paschen, J., & Treen, E.(2018). Artificial intelligence in advertising: How marketers can leverage artificial intelligence along the consumer journey. *Journal of Advertising Research, 58*(3), 263~267.

Kihn, M., & Lin, A. C.(2025). *Customer 360: How data, AI, and trust change everything.* Hoboken, NJ: John Wiley & Sons.

Salesforce(2021). 5 ways Artificial Intelligence is changing advertising sales.

Taylor, C. R., & Carlson, L.(2021). The future of advertising research: New directions and research needs. *Journal of Marketing Theory and Practice, 29*(1), 51~62.

07
생성형 AI와 영상 광고

광고 산업에서 인공지능의 활용은 소비자 구매 여정에 따른 광고 집행 과정뿐만 아니라, 광고 제작 분야에서도 사용되고 있다. 생성형 인공지능의 발전으로 인공지능을 활용한 영상 광고물 제작도 확산되고 있다. 그리고 이 과정에서 딥페이크 광고물에 대한 투명성 요구 기준도 높아지고 있다.

인공지능 영상 광고의 진화

인공지능을 이용해 텍스트나 이미지를 사용해 생성된 동영상(Generative Video)이 확산되고 있다. 오픈AI(OpenAI)의 소라(Sora)와 메타(Meta)의 무비젠(Movie Gen) 같은 비디오 생성형 인공지능 주요 모델들은 실제와 다름없는 고품질 영상 장면을 만들어 내며, 비디오 생성 기술의 가능성을 확장하고 있으며, 향후 영화, 방송, 광고 등 다양한 창조 산업에 지대한 영향을 미칠 것으로 전망된다(DeepLearning.AI, 2024.12.25).

광고 산업에서 인공지능의 활용은 소비자 여정에 따른 광고 집행뿐만 아니라, 스토리텔링 작성과 같은 광고 제작 분야에서도 이미 사용되고 있다. IBM 왓슨 AI 시스템이 개발한 스크립트로 제작된 2018년 Lexus 'Driven by Intuition' 캠페인은 인공지능이 쓴 대본으로 제작된 광고 업계 최초의 상업 광고다. 이 광고물은 왓슨이 만든 스크립트 흐름과 개요를 바탕으로 크리에이티브 에이전시가 스토리를 구축했다.

인공지능 왓슨은 이 광고물을 제작하기 위해 칸 라이언즈상을 수상한 자동차 및 럭셔리 브랜드 캠페인에 대한 15년 분량의 영상, 텍스트 및 오디오와 기타 다양한 외부 데이터를 분석해서, 이들 광고물이 공통으로 포함하는 감성적이고 재미있는 요소를 식별했다. 스토리라인을 작성할 때 왓슨은 다양한 데이터를 학습해 사람들이 자동차 광고에 어떻게 반응하는지 분석하고, 소비자에게 가장 소구하는 지점을 찾아냈다. 인공지능을 통해 창의적인 칸 라이언즈 수상작들의 공통 속성을 찾아내고 광고 제작에 반영한 이 광고물은 인공지능 시대 광고 산업에서 사람과 인공지능이 협력하는 방법을 보여 주는 대표적인 사례로 평가받는다(Spangler, 2018.11.19).

생성형 인공지능 기술을 영상 광고 제작에 접목한 국내외 사례도 등장하고 있다. 먼저 국내의 경우, 생성형 인공지능 초기인 2023년 초에 진행된 KB라이프생명의 '라이프를 나름답게' 캠페인은 인생 전반에 생명보험의 가치를 전달한다는 광고 메시지를 설정하고, 딥러닝 기술을 사용해서 윤여정 배우의 젊은 시절 모습을 인공지능으로 생성해 인생 여정을 보여 주는 광고 영상을 제작했다(박지원, 2023.1.31). 2024년 현대자동차는 3편으로 구성된 광고 시리즈를 집행했는데, 이 과정에서 원고 기획, 이미지, 음악, 음성 성우, 영상 편집 등 다양한 부분에 생성형 인공지능 기술을 사용했다(홍순성, 2024.7.4).

한편, 해외에서는 미국 완구 브랜드 토이저러스가 오픈AI의 비디오 생성형 인공지능 소라만을 이용해 실제

촬영으로 구현하기 어려운 환상적인 상상의 세계를 정교한 캐릭터들의 표정과 생생한 영상미를 통해 표현했고 인공지능의 잠재력을 다시 한번 보여 주었다(메조미디어, 2024). 또한 2024년 공개된 볼보 자동차 광고 영상은 별도의 촬영 작업 없이 프롬프트만을 통해 단 하루 만에 만들어져 비디오 생성형 인공지능 기술의 빠른 제작 속도와 효율성을 단적으로 보여 주었다(홍순성, 2024.7.17).

서비스로서 생성형 영상 광고

소비자가 선호하는 콘텐츠 유형이 텍스트에서 영상으로 옮겨 갔다(Wyzowl, 2024). 이에 따라 소비자의 주목을 획득해야 하는 브랜드(광고주) 또한 효과적이고 효율적인 영상 광고 제작·유통 방법을 모색하고 있다. 생성형 인공지능 기술 발전으로 단순히 텍스트 프롬프트나 이미지를 입력해서 다양한 스타일과 분위기의 영상 광고를 자동으로 생성해 낼 수 있게 되었다. 생성형 인공지능을 활용한 영상 광고 제작은 기존 촬영 방식보다 훨씬 빠른 시간에 다양한 버전의 광고 영상물을 만들어 낸다. 또한, 반복 작업을 자동화해서 비용을 절감할 수도 있다. 생성형 인공지능 서비스가 확산되면서 메타(https://business.meta.com), 아마존(advertising.amazon.com),

구글(ads.google.com) 같은 광고 플랫폼이 제공해 주는 인공지능 서비스를 이용해 영상 광고를 제작할 수 있게 되었다. 이른바, 광고주가 영상 광고를 자동 생성할 수 있도록 해 주는 '서비스로서 생성형 영상 광고(GVAaaS, Generative Video Advertising as a Service)'다.

메타 플랫폼은 페이스북과 인스타그램에서 영상 콘텐츠를 선호하는 이용자가 증가하고 있다는 사실을 언급하고, '생성형 인공지능 광고 제작 서비스'를 발표했다. 광고주는 '이미지 애니메이션 기능(Image Animation)'을 이용해 이미지라는 제한된 자원을 투입해서 이용자 클릭을 유도할 수 있는 더 매력적인 영상 광고를 자동으로 생성해 낼 수 있게 되었다. 이 서비스는 무료로 이용할 수 있으며, 더 높은 클릭률과 전환율을 획득하고 있다(Wheatley, 2024.10.8).

아마존 광고 플랫폼(Amazon Ads)은 다양한 브랜드(광고주)가 아마존이 보유한 고객 기반과 다양한 채널을 통해 광고를 배포할 수 있도록 해 주는 서비스다. 광고주는 아마존 광고 플랫폼에서 영상 광고 등 다양한 유형의 광고를 집행할 수 있으며, 플랫폼이 보유한 다양한 분석 도구를 통해 광고 캠페인을 효율적으로 관리하고 성과를 측정할 수 있다. 아마존은 2024년 하반기에 광고주가 추가 비용 없이 이미지 하나로 단 몇 분 만에 제품의 기능을 보여 주는 매력적인 영상 광고를 만들 수 있도록 하는 서비스를 발표했다. 생성형 영상 광고 기술은 창의성을 지원하고 시간과 비용을 최적화하면서 광고물 제작에 대한 기존 방식을 재구성하고 있다(Amazon Ads; Miller, 2024.9.19).

한편, 생성형 영상 광고 기술 발전을 주도하고 있는 구글 딥마인드는 2024년 12월 고해상도 동영상 생성 인공지능 모델 '비오2(Veo2)'를 공개했다(박찬, 2024.12.18). 구글은 동영상 광고 생성뿐만 아니라, 인공지능 모델인 제미니(Gemini)를 통해 이용자의 시청 경험을 방해하지 않으면서 광고 클릭률을 증가시킬 수 있는 광고 노출 장면까지 파악해서 알려 준다(Meimand & Kumari, 2025.1.8).

생성형 영상 광고의 기회와 해결 과제

생성형 인공지능 기술 발전으로 영상 광고 제작 방식이 혁신적으로 변하고 있다. 이미지 생성을 넘어, 영상 제작 과정에 인공지능이 활용되면서 더욱 창의적이고 효율적인 광고 제작이 가능해지고 있다. 구체적으로 인공지능이 생성하는 다양한 영상 광고물은 인간의 상상력을 뛰어넘는 새로운 아이디어를 제공한다. 또한 인공지능을 활용하면 기존 방식보다 제작 기간을 단축해 비용을 절감할 수 있다.

생성형 영상 광고가 확산되기 위해서는 인공지능 생성 광고의 저작권 이슈, 편향되지 않은 광고물을 만들어내기 위한 학습 데이터 확보, 특히 딥페이크 기술로 인한 오인과 기만 등과 같은 문제를 해결해야 한다. 딥페이크(deep-fake)는 딥러닝(deep learning)과 가짜(fake)의 합성어로 인공지능 기술을 이용해 실제와 구별하기 어려운 정교한 허구의 오디오, 사진, 동영상을 생성하는 기술이다. 최근에는 국내외에서 유명 정치인이나 연예인을 딥페이크한 가짜 투자 광고 문제에 대한 사회적 우려와 이를 해결하기 정책적 주목과 방안 마련이 요구되고 있다(함민정, 2024).

참고문헌

메조미디어(2024). Generative AI: 마케팅 산업의 새로운 혁신. ≪2025 MEZZOMEDIA TREND PEPORT≫, 3~10. https://lib.mezzomedia.co.kr/newsletter/202412/01_MezzoMedia_2025_Trend_Report.pdf

박종구(2023). 14장. 인공지능을 활용한 광고기획 실무. 김병희 외. 『디지털 시대의 광고기획 신론』(379~404쪽). 학지사.

박종구(2024). 8장. AI가 바꾸는 광고PR 법제도. 김주영 외, 『AI가 바꾸는 광고와 PR: 기획부터 윤리까지』(265~294쪽).

이프레스.
박지원(2023.1.31). 윤여정 배우의 20대 모습 복원 AI 딥러닝 기술 활용한 광고 화제. ≪중앙일보≫.
https://www.joongang.co.kr/article/25137022#home
박찬(2024.12.18). 구글, 동영상 생성 AI '비오 2' 출시. ≪AI TIMES≫.
https://www.aitimes.com/news/articleView.html?idxno=166295
함민정(2024). 딥페이크 기술과 투자 사기 광고. ≪미디어 이슈 & 트렌드≫, 60권. 50~57.
https://www.kca.kr/Media_Issue_Trend/vol60/KCA60_22_domestic.html
홍순성(2024.7.4). 생성형 AI 영상 제작의 진화: 숏폼 영상부터 현대자동차 광고까지. Hong's Lab.
https://sshong.com/blog/16878
홍순성(2024.7.17). 생성형 AI 영상 제작: Runway Gen-3 볼보 광고 소개 외. Hong's Lab. https://sshong.com/blog/17008
Amazon Ads Video marketing.
https://advertising.amazon.com/library/guides/video-marketing?ref_=a20m_us_lbr_nws_aivg_gd_vdomktg
DeepLearning.AI(2024.12.25). Generative video takes off: Generative video models revolutionize content creation with stunning realism.
https://www.deeplearning.ai/the-batch/generative-video-models-revolutionize-content-creation-with-stunning-realism/
Meimand, A., & Kumari, P.(2025.1.8). Enhance viewer engagement with gen AI-powered scene detection for ads.
https://cloud.google.com/blog/topics/developers-practitio

ners/use-ai-powered-scene-detection-for-more-effective-ad-placement

Miller, M.(2024.9.19). Amazon Ads introduces AI-powered video generation and live image capabilities to help brands deliver compelling creative for customers. Amazon Ads. https://advertising.amazon.com/library/news/ai-video-generator-live-image

Spangler, T.(2018.11.19). First AI-Scripted Commercial Debuts, Directed by Kevin Macdonald for Lexus(Watch). https://variety.com/2018/digital/news/lexus-ai-scripted-ad-ibm-watson-kevin-macdonald-1203030693/

Wheatley, M.(2024.10.8). Meta debuts new generative AI tools for creating video-based ads. Silicon Angel. https://siliconangle.com/2024/10/08/meta-debuts-new-generative-ai-tools-creating-video-based-ads/

Wheatley, M.(2024.10.8). Meta debuts new generative AI tools for creating video-based ads. Silicon Angel. https://siliconangle.com/2024/10/08/meta-debuts-new-generative-ai-tools-creating-video-based-ads/

Wyzowl(2024). Video marketing statistics 2025. https://www.wyzowl.com/video-marketing-statistics/

08
광고 산업 AI 공공 인프라, 아이작

한국방송광고진흥공사가 제공하는 인공지능 기반 광고 창작 지원 플랫폼인 아이작은 중소기업, 1인 콘텐츠 창작자, 예비 광고인을 대상으로 인공지능을 활용한 광고 기획을 지원하기 위한 목적으로 개발되었다. 광고 아카이브와 스토리보드 제작 서비스를 시작으로 마케팅 트렌드 분석과 광고 카피 제작 기능을 추가해 시장 분석, 광고 카피, 스토리보드 제작 등 광고 기획 전 과정을 지원한다.

아이작 서비스 개요

광고 분야에서 인공지능 활용을 활성화하기 위해서는 관련 국가 차원의 인프라 구축이 필요하다. 정부의 디지털 공공 서비스 혁신 프로젝트의 일환으로 한국방송광고진흥공사(KOBACO)는 중소 광고 제작사와 광고주의 광고 제작 생산성 향상을 위해 광고 제작에 인공지능 기술을 접목한 공공 인프라 아이작(Ai analysis System for Ad Creation, AiSAC) 시스템을 개발해서 무료로 제공하고 있다(한국방송광고진흥공사, 2023).

판로 개척이 중요한 중소기업, 소상공인에게 광고는 필수적이다. 하지만 사전 기획 단계에서 많은 시간과 비용이 소요되며, 경험과 직관에 의존하는 방식도 계속되고 있다. 광고 예산도 만만치 않은 부담이다. 한편, K-콘텐츠 산업의 지속적 성장을 위해서는 콘텐츠를 기획하고 제작하는 인재 양성이 필수적이다. 산학연 협력 창의 인재, 콘텐츠 기획과 제작 역량을 첨단 기술과 융합할 수 있는 융복합 인재가 K-콘텐츠 산업의 필요 인재상이다.

한국방송광고진흥공사가 제공하는 인공지능 기반 광고 창작 지원 플랫폼 아이작은 중소기업, 1인 콘텐츠 창작자, 예비 광고인을 대상으로 인공지능을 활용한 광고 기획을 지원하기 위한 목적으로 개발되었다. 2021년 광고 아카이브와 스토리보드 제작 서비스를 시작으로 마케팅 트렌드 분석과 광고 카피 제작 기능을 추가해 2023년 기준 시장 분석, 광고 카피, 스토리보드 제작 등 광고 기획 전 과정을 지원하고 있다(남시현, 2024.5.17; 박종구, 2023).

아이작 서비스 구성

시장 트렌드 및 소비자 분석

• 네이버 · 유튜브 등의 데이터 수집 · 가공하여 차트, 워드클라우드, 검색어 비교 등 다양한 시각화 기능 제공

광고 카피 생성

• 이용자가 상품 · 서비스 정보를 입력하면, AI가 입력 정보를 바탕으로 다양한 종류의 광고 카피를 생성하여 제공

광고 영상 아카이브

• AI가 인식한 객체 · 감정 데이터를 광고 영상과 함께 제공(2024년 11월 기준 5만여 편의 광고 영상 제공)

스토리보드 제작

• 이용자가 스토리라인 텍스트를 입력하면, AI가 적합

한 이미지를 생성하여 스토리보드를 생성해 주는 서비스

• AI 생성 이미지 외에 이용자가 직접 오브젝트를 추가할 수 있도록 오픈소스 이미지 삽입, 직접 그리기, 보유 이미지 업로드 기능 제공

시장 트렌드 및 소비자 분석과 주요 특징

광고 제작 프로세스의 첫 단계는 시장을 분석하고 소비자의 니즈를 파악해서 목표 고객을 설정하는 것이다. 마케팅 트렌드 분석 서비스는 빅데이터 처리 및 시각화 기술의 도움으로 시장과 소비자, 경쟁사에 대한 일목요연한 분석을 할 수 있도록 해 준다. 키워드 인사이트(트렌드, 아카이빙), 관심사 트렌드, 쇼핑 트렌드 등 크게 네 부분으로 구성되어 있는데, 주요 포털의 검색 데이터를 한눈에 비교할 수 있고, 인스타그램 데이터도 분석할 수 있으며, 입체적인 분석이 가능하도록 네이버 쇼핑 트렌드를 재구조화하여 시각화해서 제공해 준다.

빅데이터 시각화 서비스

• 다양한 빅데이터를 수집 · 정제하고, 데이터를 직관적으로 파악할 수 있는 시각화 기능 제공

빅데이터 수집 및 정제·가공

• AiSAC 트렌드 분석 API: 네이버 데이터랩, 검색 광고, 유튜브 Data

• KOBACO 공공 데이터: 공익광고 영상 및 광고 효과 데이터, 광고 신탁 데이터

광고 카피 생성과 주요 특징

소비자 분석 이후에는 잠재 고객에게 전달하고자 하는 광고 메시지를 결정해야 한다. 아이작 인공지능 광고 카피 생성 서비스는 상품 · 서비스 카테고리와 상품 · 서비스명, 키워드 등을 입력하면 AI가 적절한 광고 문구를 생성해 준다. 예를 들어, '가구' 카테고리에서 '패브릭 소파', '공간'의 키워드를 입력하면 '패브릭 소파로 공간을 살리다', '패브릭 소파로 공간을 더욱 아름답게', '패브릭 소파로 공간을 창조하다' 등의 광고 카피가 인공지능을 이용해 자동으로 만들어진다. 생성된 카피들은 이용자가 직접 수정할 수 있다. 또한 광고 카피 생성 서비스는 인스타그램, 유튜브 콘텐츠에서 광고 카피에 적합한 이미지를 추천하면 콘티 아이디어를 보다 효과적으로 구체화할 수 있다.

GPT 기술 기반

- 이용자 입력 광고 대상 카테고리, 상품 · 서비스명, 키워드, 브랜드 · 회사명 반영 다양한 종류의 광고 카피 생성

광고 카피 생성 절차

- (이용자) 광고 대상 카테고리 입력 → 상품 · 서비스명 입력 → 광고 카피 핵심 키워드 입력(예: 할인율 등)

광고 영상 아카이브와 주요 특징

아이작은 광고에 자주 등장하는 인물, 사물, 장소, 랜드마크 등 1000종 이상의 객체를 인식할 수 있게 설계되었다. 광고 영상이 아이작 서버로 들어오면 0.5초 단위로 등장하는 객체를 잡아내 객체 정보를 식별해서 제공하고, 이용자는 원하는 객체가 등장한 특정 장면만을 선별적으로 확인할 수 있게 된다. 아이작은 인공지능이 인식한 객체 정보와 더불어 광고주, 대행사, 업종, 품목 등과 같은 '광고 정보'와 인공지능이 객체 인식으로 식별할 수 없는 내용적 특징과 같은 콘텐츠 데이터를 추가로 생성해서 '럭셔리한', 'CM송' 등과 같은 키워드로 원하는 광고 소재를 쉽게 조회할 수 있게 했다.

AI 기반 객체 인식 기술 적용

• 광고 영상에 등장하는 인물 · 사물 · 장소, 감정 등 1250종 객체 검출 딥러닝 모델 개발(지속 학습 후 갱신)
※ 감정인식: 행복, 슬픔, 화남, 놀람 등 7가지 감정 분류 딥러닝 모델 적용, 지상파 송출 약 5만 편 광고 영상 속 객체 인식 및 메타데이터 태깅

스토리보드 제작과 주요 특징

광고 스토리보드 생성 서비스는 이용자가 만들고자 하는 광고의 줄거리를 텍스트로 입력하면, AI가 스스로 텍스트에 해당하는 그림을 그려 스토리보드를 완성해 주는 기능을 제공한다. 텍스트 인식을 위해 자연어 처리 알고리즘이 적용됐고, 스토리보드에 넣을 그림을 그리기 위해 이미지 생성에 사용되는 GAN(Generative Adversarial Network) 알고리즘이 적용됐다.

AI 자연어 생성 기술 적용

• 광고 대상 정보 바탕 광고 스토리라인(시나리오) 생성
※ 2024년 11월 기준 CLOVA HCX-003 사용

AI 이미지 생성 기술 적용

- 이용자가 입력한 텍스트에 적합한 이미지 생성

※ 2024년 11월 기준 Stability AI API 사용

참고문헌

남시현(2024.5.17). 코바코의 대국민 AI 광고 제작 서비스, 네이버가 함께합니다. ≪동아일보≫. https://www.donga.com/news/It/article/all/20240517/124980124/1

박종구(2023). 14장. 인공지능을 활용한 광고기획 실무. 김병희 외. 『디지털 시대의 광고기획 신론』(379~404쪽). 학지사.

한국방송광고진흥공사(2023). AiSAC: 활용 안내. https://aisac.kobaco.co.kr/site/main/board/service/list

09
AI 리터러시와 프롬프트 엔지니어링

챗GPT라는 생성형 인공지능이 우리 일상의 전면에 등장했고, 다양한 분야에서 인공 창의성을 활용하기 위한 창작 도구들은 더욱 확산될 것이다. 그리고 광고 기획과 같이 창의성이 필요한 작업에서 이러한 도구들을 효과적으로 활용할 수 있는 새로운 능력이 필요할 것이다. 인공지능 광고 시대, 창의력을 키우기 위한 출발점은 '호기심'과 '해 보기'다.

리터리시의 진화

인공지능의 진화와 확산은 우리에게 새로운 문해력을 요구한다. 특히, 광고 기획과 같이 창의성이 필요한 작업에서 이러한 도구들을 효과적으로 활용할 수 있는 새로운 능력이 필요하다. 디지털 시대의 미디어 리터러시는 참여적 문화 공간에서 활동할 수 있는 일련의 문화적 능력과 사회적 기술을 획득할 수 있는 능력이라고 할 수 있다(이희복, 2016). 미디어 리터러시는 다양한 형태의 읽기와 쓰기 능력으로 구성된 다차원적인 개념으로 모든 미디어에서 보편적으로 요구되는 능력이다. 미디어 기술의 발전에 따라 디지털 리터러시, 데이터 리터러시 등으로 세분화되고 있으며 메타 리터러시나 트랜스 리터러시와 같이 복합적인 능력을 포괄하는 개념도 등장하고 있다.

미디어 리터러시의 한 유형인 광고 리터러시(Advertising Literacy)는 소비자가 광고를 이해하고 평가하기 위해 요구되는 능력이다. 광고 리터러시 또한 고정된 개념이 아니라 지속적으로 변하는 역동적인 개념이다. 전통적인 광고 리터러시는 광고 정보의 수동적 처리를 전제로 한 설득적 광고 메시지를 분석 · 평가 · 생산하는 능력이었다. 그러나 스마트폰의 대중화로 인한 스마트 광고 시장의 성장으로 소비자에게 요구되는 광고 리터러시 또한 달라지고 있다.

동일인이 휴대폰, 태블릿, 웨어러블 기기, 컴퓨터와 같은 각종 스마트 기기를 여러 개 사용하게 되면서 사용하는 모든 단말기에서 이용자의 각종 행태 정보를 광범위하게 수집하는 크로스 디바이스 정보 수집 방법도 광고에 적극 활용되고 있다. 크로스 디바이스는 로그인 등의 기능을 통해서 이용자에게 단말기 종류와 상관없는 동일한 이용 환경 구현을 가능하게 해 주고, 컴퓨터의 쿠키나 휴대폰 고유 식별 번호 등을 사용하여 등록되지 않은 기기에서의 접속을 감시하는 해킹 예방 등의 기능을 한다. 반면에 크로스 디바이스로부터의 정보 수집은 이용자의 집, 직장, 이동, 수면, 여가와 같은 일상적인 모든 행태 정보를 수집하기 때문에 이전보다 훨씬 정교한 이용자 프로파일링으로 개인정보 침해 문제를 야기하기도 한다(박종구, 2018; 2024).

AI 리터러시

인공지능의 진화와 확산은 우리에게 새로운 문해력을 요구한다. 특히, 광고 기획과 같이 창의성이 필요한 작업에서 이러한 도구들을 효과적으로 활용할 수 있는 새로운 능력이 필요하다. 단순히 글을 읽고 쓰는 능력 차원이었던 리터러시는 시대가 변화면서 요구되는 능력과 핵심가치가 달라졌고 범위도 확장되었다(Marr, 2022). 미디어 리터러시란 '미디어에 접근해서 메시지를 평가하고 숙련된 방법으로 메시지를 만들어 내어 의사소통할 수 있는 능력'으로 미디어 시대를 살아가는 데 필요한 필수적인 역량이다. 사람들이 시대 문화에 참여하고, 필요한 뉴스나 정보를 효율적으로 선택할 수 있게 만들어 주기 때문에 중요하다.

미디어 리터러시는 다양한 형태의 읽기와 쓰기 능력으로 구성된 다차원적인 개념으로 모든 미디어에서 보편적으로 요구되는 능력이다. 한편, 새롭게 등장한 미디어 테크놀로지가 요구하는 복합적인 능력들을 아우르는 용어로 '메타 리터러시(meta literacy)'라는 개념이 제시되었으며, 현재 리터러시는 디지털 리터러시, 데이터 리터러시 등으로 세분화되었다.

한편, 개인이 AI 기술을 비판적으로 평가하고 생활에 도움되는 도구로 AI를 사용할 수 있는 일련의 역량으로 정의되는 '인공지능(AI) 리터러시' 개념이 제시되었고, AI가 생성한 가짜뉴스나 왜곡된 정보를 감지하고 이에 대한 반박 콘텐츠를 생성하여 확산시키는 프로젝트가 진행되고 있다(이유미 · 박윤수, 2021; Stanford University HCI, 2024). 다양한 리터러시 유형과 정의를 살펴보면 다음과 같다.

• 미디어 리터러시(Renee, 2010): 다양한 형태의 미디어에 대한 접근, 분석, 평가, 소통 능력으로 특정 매체에 한정되지 않고 모든 미디어에서 보편적으로 요구되는 능력
• 디지털 리터러시(Bauer & Ahooei, 2018): 미디어 리터러시의 한 유형으로 다양한 디지털 플랫폼에서 정보를 발견, 평가, 생산, 소통하는 개인의 능력
• 데이터 리터러시(Gray, Gerlitz, & Bounegru, 2018): 데이터를 읽고, 이해하고, 생산하고, 다룰 줄 아는 능력으로 데이터 수집과 공유가 일상사가 되고 데이터 분석과 빅데이터가 산업, 정부, 사회에서 중요한 요소가 됨에 따라 중요성이 커지고 있음
• 프라이버시 리터러시(Pingo & Narayan, 2017): 개인정보를 보호함과 동시에 정보화 사회를 이해하고 살아가는 데 필요한 인식과 수단
• 인공지능 리터러시(Long & Magerko, 2020): 개인이 AI 기술을 비판적으로 평가하고 AI와 효과적으로 커뮤

니케이션 및 협업하며, 다양한 상황에서 AI를 도구로 사용할 수 있는 일련의 역량

프롬프트 엔지니어링

대규모 멀티모달 모델(Large Multimodal Model) 기반 인공지능의 등장으로 텍스트, 이미지, 비디오와 같은 다양한 입력 데이터 유형을 통합해 보다 포괄적인 결과물을 생성해 낼 수 있게 되었다(Huizenga, 2024). 인공지능의 진화와 확산은 우리에게 새로운 문해력을 요구한다(Ng, 2023). 그동안 정보 활용 역량은 필요한 '정보'를 신속하게 획득하는 검색 능력에 의존해 왔다. 생성형 인공지능의 등장은 인공지능과 상호 작용하여 필요한 '답'을 원하는 양식대로 빠르게 얻어 내는 능력이 중요하다. '프롬프트'란 생성형 인공지능이 답을 생성하기 위한 입력값으로 사용자가 생성형 인공지능 입력창에 작성하는 명령어를 말하는데, 사용자의 프롬프트 작성 능력에 따라 결과물의 품질이 달라진다. 프롬프트에 포함된 문구들의 미세한 조정이 결과물에 극적인 차이를 가져온다. 더 높은 품질의 응답을 얻으려면 생성형 인공지능이 잘 이해할 수 있는, 정제된 언어로 구조화된 프롬프트를 구성하는 것이 중요하다(Diamond & Allan, 2024; Kaput,

2024.7.23; McKinsey & Compnay, 2024.3.22).

한편, 프롬프트 엔지니어링(prompt engineering)은 생성형 인공지능을 이용해 원하는 결과물을 얻기 위해 입력값들의 조합을 찾는 일련의 단계별 행위로, 효과적이면서 효율적인 작업을 위해서는 질문 영역에 대한 이해와 비판적 사고가 요구된다(Baker, 2025). 인간과 마찬가지로 적합한 답을 듣기 위해서는 구체적으로 질문하고, 질문을 이해하는 데 필요한 맥락을 함께 제공하며, 얻고자 하는 바를 명확히 제시해야 한다(AIFire, 2024; Fulford & Ng, 2023).

프롬프트 엔지니어링에 요구되는 기술은 생성하고자 하는 결과물 양식(Modal)이 텍스트인지, 이미지인지, 아니면 영상물인지에 따라 다르다. 구체적으로 텍스트 기반 생성형 인공지능 도구를 사용할 때는, 명령어를 명확하고 간결하게 작성하는 것이 가장 중요하다. 이미지 생성형 인공지능의 경우에는 훨씬 더 구체적이고 자세한 지시가 필요하다. 예를 들어, '숲속의 오두막'보다는 '가을 숲속, 단풍이 물든 나무 사이에 위치한 작은 오두막, 석양빛이 내리쬐는 따뜻한 분위기'처럼 최대한 생생하게 묘사해야 원하는 이미지를 얻을 가능성이 커진다. 마지막으로 영상 프롬프트는 훨씬 더 복잡한 프롬프트 작업을 요구한다. 영상은 시간 흐름에 따른 장면 변화와 음향이 결합된 멀티모달 양식이기 때문에 각 요소를 고려한 세부적인 설계가 필요하다. 예를 들어, '한 사람이 카페에서 커피를 마시는 장면'보다는 '따뜻한 분위기의 카페, 창가에서 커피를 마시는 중년 남성. 부드러운 배경 음악과 함께 카메라는 인물을 클로즈업하며 천천히 이동한다'처럼 장면, 움직임, 배경 음악과 같은 세부 요소를 반영한 프롬프트를 작성해야 한다(홍순성, 2024.12.30).

참고문헌

박종구(2018). "9장. 데이터경제 시대 스마트광고 리터러시". 한국언론학회(편), 『4차 산업혁명 시대의 미디어 리터러시 교육』(357~405쪽). 지금.

박종구(2023). 『생성형 인공지능과 광고』(KOBACO 광고미디어 트렌드 리포트). 한국방송광고진흥공사.

박종구(2024). 8장. AI가 바꾸는 광고PR 법제도. 김주영 외, 『AI가 바꾸는 광고와 PR: 기획부터 윤리까지』(265~294쪽). 이프레스.

이유미·박윤수(2021). AI 리터러시 개념 설정과 교양교육 설계를 위한 연구." ≪어문론집≫, 85, 451~474.

이희복(2016). 『광고활용교육』. 커뮤니케이션북스.

홍순성(2024.12.30). AI 프롬프트 활용법, 텍스트 vs 이미지 vs 영상. Hong's Lab. https://sshong.com/blog/19132

AIFire(2024). ChatGPT 4o ultimate guide for content creators. https://sf.tradepub.com/?pt=adv&page=AI%20Fire

Baker, P.(2025). *Generative AI for dummies.* Hoboken, NJ: John Wiley & Sons.

Bauer, A. T., & Ahooei, E. M.(2018). Rearticulating internet literacy. *Journal of Cyberspace Studies, 2*(1), 29~53.

Diamond, S., & Allan, J.(2024). *Writing AI prompt.* Hoboken, NJ: John Wiley & Sons.

Fulford, I., & Ng, A.(2023). ChatGPT prompt engineering for developers. OpenAI & DeepLearning.AI. https://www.deeplearning.ai/short-courses/chatgpt-prompt-engineering-for-developers/

Gray, J., Gerlitz, C., & Bounegru, L.(2018). Data infrastructure literacy. *Big Data & Society, 5*(2). http://journals.sagepub.com/doi/pdf/10.1177/2053951718786316

Huizenga, E.(2024). Large multimodal model prompting with Gemini. DeepLearning.AI. https://learn.deeplearning.ai/courses/large-multimodal-model-prompting-with-gemini/lesson/1/introduction

Kaput, M.(2024.7.23). New research reveals the art and science of AI prompting. Marketing Artificial Intelligence Institute.

Long, D., & Magerko, B.(2020, April). What is AI literacy? Competencies and design considerations. In Proceedings of the 2020 CHI Conference on Human Factors in Computing Systems(pp. 1~16).

Marr, B.(2022). *Future skills: the 20 skills and competencies everyone needs to succeed in a digital world.* Hoboken, NJ: John Wiley & Sons.

McKinsey & Compnay(2024.3.22). What is prompt engineering? https://www.mckinsey.com/featured-insights/mckinsey-e

xplainers/what-is-prompt-engineering#/
Ng, A.(2023). How to build your career in AI. DeepLearning.AI.
Pingo, Z., & Narayan, B.(2017). Privacy literacy: Extending information literacy in the age of social media and big data. i3 Information Interactions and Impact, pp. 169~170. https://opus.lib.uts.edu.au/bitstream/10453/122226/5/Pingo_Narayan_i3_2017_abstract_FINAL2%20%281%29.pdf
Renee, H.(2010). Digital and media literacy: A plan of action. New York: The Aspen Institute. https://www.aspeninstitute.org/wp-content/uploads/2010/11/Digital_and_Media_Literacy.pdf
Stanford University HCI(2024). 2024 Artificial Intelligence Index Report. https://aiindex.stanford.edu/report/

10
AI 광고 윤리

인공지능의 영향 증대와 규율 필요성이 커짐에 따라, 가치 판단 기준인 '인공지능 윤리기준' 문제가 국가 강제력에 의존하는 '인공지능법'에 대한 국제적인 논의로 전환되었다. 광고 산업에서 인공지능이 안정적으로 사용되기 위해서는 인공지능 기술로 맞춤형 광고를 생성해서 전달하는 과정에서 야기될 수 있는 소비자 기만과 프라이버시 문제를 관리할 수 있는 법제도 환경이 조성되어야 한다.

해외 동향

인공지능 기술의 발전 · 확산과 함께 인공지능 기술의 윤리적 개발 · 활용 역시 세계 각국과 주요 국제기구의 관심 대상이 되어 왔다. 인공지능의 잠재적 위험과 부작용을 방지하기 위해 주요국과 국제기구를 중심으로 윤리기준이 마련되고 법제화가 진행되고 있다(노은정, 2024; 정보통신정책연구원).

경제협력개발기구(OECD)가 제시한 'OECD 인공지능 원칙(OECD AI Principle)'(2019, 2024)을 시작으로 주요 국가와 기업, 연구 기관 등 여러 주체가 바람직한 인공지능 개발과 활용을 위해 다양한 인공지능 윤리 원칙을 발표해 왔다. 한편, 인공지능에 관한 규제 논의는 자율 규제 차원의 윤리 원칙에서 규제와 진흥에 관한 조항을 포괄하는 구속력을 갖는 인공지능에 관한 법 제도를 도입하는 방향으로 옮겨 가고 있다. 유럽연합의 경우, 처벌 규정이 포함된 「인공지능법(EU AI Act)」이 도입되어 2024년 8월부터 시행되고 있다(양기문, 2024; 유화선 · 윤병성 · 최희석, 2024; Madiega, 2024; Ernst Young, 2024).

주요 국가 인공지능 윤리 및 법제화 동향

혁신적이며 신뢰할 수 있는 인공지능 개발과 이용을 추

구하는 'OECD 인공지능 원칙'은 인공지능에 대한 최초의 국제 표준으로, 2019년 채택된 이후 유럽연합과 미국 등 세계 각 국가가 인공지능 정책을 수립하는 데 준거 역할을 하고 있다. 인공지능 생태계와 관련된 정책 환경 변화를 반영한 2024년 개정 원칙은 신뢰할 수 있는 AI를 개발하기 위한 가치 기반 원칙과 효과적인 AI 정책 수립을 위한 권장 사항을 제공해 준다(OECD, 2024).

세계 각국은 인공지능을 개발하고 이용하는 과정에서 발생할 수 있는 문제들에 대한 관리 방안을 모색하고 있으며, 'OECD 인공지능 원칙'을 바탕으로 자국의 상황에 맞는 윤리기준을 수립함과 동시에 인공지능 규제와 진흥을 위한 법적 근거를 마련하고 있다. 특히 생성형 범용 인공지능이 문자뿐만 아니라 음성과 이미지 · 영상 데이터를 학습해서 다양한 형태의 결과물을 만들어 주는 '멀티모달(multimodal)' 서비스로 진화하면서, 사회적 효용을 극대화하는 진흥 정책과 함께 지적재산권과 프라이버시 침해, 딥페이크로 인한 소비자 기만과 같은 문제에 대한 관리 방안 마련이 요구되고 있다. 유럽연합과 캐나다의 경우에는 전 산업 영역에서 적용할 수 있는 인공지능에 관한 포괄적인 법 체계 마련을 지향하고 있다(노재원 · 유재홍 · 안성원, 2023).

미국은 2023년 10월 세계 최초로 법적 구속력을 가진 연방 차원의 인공지능 규제인 '안전성, 보안성 및 신뢰성을 갖는 AI의 개발과 활용에 관한 행정명령 제14110호(Safe, Secure and Trustworthy Development and Use of Artificial Intelligence(Executive Order 14110)'를 시행했다. 이 행정명령은 신뢰성 있는 인공지능 개발과 이용을 촉진하는 것을 목적으로 '안전과 보안', '혁신과 경쟁', '소비자 보호', '개인정보 보호' 등을 포함한 여덟 가지 지도 원칙을 제시한다. 프라이버시 문제와 관련해 행정명령은 인공지능의 발전으로 개인의 민감 정보에 대한 오남용 가능성이 커짐에 따라 연방 정부 기관들이 이러한 위험을 적절히 관리할 것을 규정하고 있다. 한편, 백악관 관리예산국(Office of Management and Budget)은 행정명령의 후속 작업으로 보다 구체적인 추진 전략을 마련해서 제시하고 있다(The White House, 2023.10.30; 2024.3.28).

유럽연합 「인공지능법」(2024)

유럽연합은 신뢰할 수 있는 인공지능을 정착시키고, 혁신에 필요한 법적 안정성을 마련하기 위해 총 13개 장(113개 조항)과 13개의 부속서로 구성된 인공지능에 관한 포괄적인 법률인 「인공지능법」을 마련하였다. 이 법은 개별 회원국의 입법화 과정을 거쳐야 하는 지침(Directive)이 아닌 규정(Regulation)으로 2024년 8월 1일 유럽연합 모든 역내에서 동시에 발효되었다. 이 법은 발효일을 기점으로 법에서 금지한 인공지능은 6개월 후에, 그리고 범용 인공지능에 대한 규제는 12개월 뒤에 적용되며, 전면 시행은 2026년 8월부터 적용된다.

'위험 등급 기반 접근(Risk-based Approach)'을 취하는 이 법은 유럽연합 회원국 내에서 사용되는 인공지능 시스템의 위험 등급을 '금지(Unacceptable)', '고위험(High-risk)', '제한적 투명성 위험(Transparency risk)', '저위험(Minimal risk)'으로 분류하고, 4가지 위험 수준에 따라 차등적인 규제 수준을 적용한다.

이후 유럽연합 역내에서 제공되는 인공지능 서비스는 법에서 정한 위험 수준에 부합하는 의무 사항을 준수해야 하며, '고위험' 인공지능 시스템의 경우에는 적합성 평가와 기본권 영향 평가 의무가 부과된다. 한편, 생성형 인공지능과 딥페이크가 속하는 '제한적 위험' 등급의 인공지능이란 의사 결정에 결정적인 영향을 주지 않고, 인간의 건강과 안전 그리고 기본권에도 중대한 위험을 미치지 않는 시스템으로 이 경우에는 인공지능으로 생성한 콘텐츠에 대한 표시 의무와 학습 데이터 중에서 저작권이 설정된 데이터 목록을 공개해야 하는 투명성 강화 의무가 부과된다. 한편, 최소 위험 수준을 갖는 인공지능에는 법적 규제가 적용되지 않지만, 자율 규제 체계를 마련할 것을 권장한다(박희영, 2023; 심소연, 2024; EU, 2024; Madiega, 2024).

유럽연합 「인공지능법」의 인공지능 정의

유럽연합 「인공지능법」이 밝히고 있는 제정 목적은 '인간 중심적이며 신뢰할 수 있는 인공지능(AI)의 도입을 촉진하는 동시에, 연합 내에서 AI 시스템의 유해한 영향으로부터 건강, 안전, 헌장에 명시된 근본적 권리(민주주의, 법치주의, 환경 보호)를 높은 수준으로 보호하고 혁신을 지원하는 것'이다.

인공지능에 관한 규제와 진흥 측면을 포괄적으로 다루는 유럽연합 「인공지능법」은 OECD가 정의한 인공지능 개념을 그대로 수용하여 'OECD 인공지능 원칙'을 따르는 세계 각국의 인공지능 법안들과의 양립 가능성을 높였다(Ernst Young, 2024). 그 결과 유럽연합 「인공지능법」과 OECD는 '자율성을 가지고 작동하는 시스템으로 적응력을 가지고 명시적 또는 암묵적 추론을 통해 예측, 콘텐츠, 권장 사항, 의사 결정 등을 생성해 낼 수 있는 시스템'으로 정의되는 인공지능 개념을 함께 사용하게 되었다(Russell, Perset, & Grobelnik, 2023.11.29).

한편「인공지능법」은 '범용 인공지능(Artificial General Intelligence, AGI)'에 대한 정의도 마련하여 "대량의 데이터를 학습해 다양한 목적을 가진 텍스트, 오디오, 이미지/비디오 등의 콘텐츠를 만들어 내는 생성형 인공지능 시스템"으로 정의하고 별도의 장으로 구성했다. 생성형 인공지능이 포함되는 범용 인공지능에는 '투명성 요구', '시스템 위험 관리', '행동 강령 적합성 추정'과 의무가 적용되었다(심소연, 2024; 유계환 · 김윤명, 2024).

유럽연합「인공지능법」주요 규제 조항

이 법에서 제시된 기타 주요 정의와 규제 조항을 살펴보면 다음과 같다.

- 딥페이크(Deep-fakes): 인공지능으로 만든 이미 존재하는 사람, 사물, 장소 등과 유사한 이미지, 오디오 또는 비디오로 진짜인 것으로 오인할 수 있는 콘텐츠
- 투명성(Transparency): 인공지능 시스템이 적절한 추적성과 설명 가능성을 허용하는 방식으로 개발 및 사용

되는 것을 의미하며, 인간이 시스템과 상호 작용하고 있음을 인식하게 하고, 시스템의 기능과 한계, 사용자의 권리를 적절히 알리는 것을 말한다.

• 투명성 확보와 저작권 보호: 범용 인공지능 서비스 제공자는 인공지능 학습 과정에서 유럽연합의 저작권법을 준수하여 합법적인 방법으로 텍스트/데이터 마이닝 작업을 해야 하며, 인공지능 학습에 사용한 콘텐츠에 대한 상세한 목록을 작성하여 공개적으로 제공해야 한다.

• 시스템 위험 관리: 유럽연합에서 지정한 수준 이상으로 훈련되어 사회에 미치는 잠재적 영향력이 큰 범용 인공지능 시스템의 경우, 투명성과 저작권 보호 요구사항 외에도 범용 인공지능 시스템이 초래할 수 있는 위험과 중대 사건을 지속적으로 추적 관리하여 사이버 보안을 확보해야 한다.

• 행동강령 적합성 추정: 범용 인공지능 서비스 제공자는 법률이 정한 의무를 준수하고 있다는 것을 보여 줄 수 있는 행동강령을 수립하고 실천해야 하며, 유럽연합은 행동 강령을 승인하고 관련 의무 이행을 위한 공통 규칙을 제공할 수 있다.

국내 동향

우리나라는 2020년 글로벌 기준과 부합하는 국가 차원의 자율규제 원칙인 '인공지능 윤리기준'을 마련했다(관계부처합동, 2020, 12). 이를 시작으로 생성형 인공지능 확산으로 세계적인 영향력이 커짐에 따라 국가정보원의 『챗GPT 등 생성형 AI 활용 보안 가이드라인』(2023)과 문화체육관광부의 『저작권 안내서』(2023, 2024)와 같은 특화된 영역에 초점을 맞춘 인공지능 가이드라인도 발표되었다. 한편, 생성형 인공지능의 확산에 따라 인공지능의 사회적 활용이 급속히 확대되었고, 인공지능의 잠재적 혜택에 대한 기대와 함께 위험성에 대한 우려도 커졌다. 대한민국 국회는 국민의 권익과 존엄성을 보호하고 국민의 삶의 질 향상과 국가 경쟁력을 강화하는 데 이바지할 수 있는 대한민국 인공지능의 새로운 기준을 마련하기 위해 2024년 12월 제22대 국회에서 발의된 인공지능에 관한 19개 법률안을 통합·조정한 「인공지능 발전과 신뢰 기반 조성 등에 관한 기본법」을 제정했다(과학기술정보통신부, 2024.12.27).

인공지능 윤리기준(2020)

'사람이 중심이 되는' 인공지능 윤리기준은 인공지능 개발과 활용 전 단계에서 정부 · 공공기관, 인공지능 기술 개발자, 인공지능 기술을 활용한 제품 · 서비스 공급자 · 활용자 등 모든 사회 구성원이 사람 중심의 인공지능 구현을 위해 고려해야 할 기본적이고 포괄적인 기준을 제시하는 것을 목표로 한다. 윤리기준은 인공지능이 주어진 목적에 맞게 활용되어야 하며, 목적의 달성 과정 또한 윤리적일 것을 요구한다. 이 윤리기준은 범용성 있는 일반 원칙으로 분야별 인공지능 윤리기준 제정의 근거를 제공하여 영역별 세부 규범이 유연하게 발전해 나갈 수 있는 '인공지능 윤리 플랫폼' 역할을 한다(관계부처합동, 2020).

'인공지능 윤리기준'은 '인간성을 위한 인공지능(AI for Humanity)'을 위해 인공지능 개발에서 활용에 이르는 전 과정에서 준수해야 '3대 기본 원칙'으로 인간 존엄성, 사회의 공공선, 기술의 합목적성 원칙을 제공하고, 이러한 원칙을 실천하고 이행할 수 있도록 인공지능을 개발, 활용하는 전체 생명 주기에 걸쳐 충족되어야 하는 '10대 핵심 요건'을 제시했다.

「인공지능 발전과 신뢰 기반 조성 등에 관한 기본법」(2024)

인공지능 기본법은 인공지능의 건전한 발전과 신뢰 기반 조성에 필요한 사항을 규정함으로써 국민의 권익과 존엄성을 보호하고 국민의 삶의 질 향상과 국가 경쟁력을 강화하는 데 이바지함을 목적으로 한다. 이를 위해 이 법은 '생성형 인공지능', '고영향 인공지능', '인공지능윤리' 등 주요 요소에 대한 정의를 마련하고, 과학기술정보통신부장관으로 하여금 인공지능 정책의 기본 방향, 전문인력 양성, 신뢰 기반 조성 등에 관한 사항이 포함된 인공지능 기본계획을 3년마다 수립하여 시행할 것을 규정했다.

국가인공지능위원회는 인공지능산업의 진흥 및 인공지능 신뢰 기반 조성을 위한 주요 정책 등에 관한 사항을 심의·의결하는 대통령 소속 기구로, 기본계획의 수립, 인공지능 활용 촉진, 고영향 인공지능 규율 등에 관한 사항을 심의·의결한다. 한편, 과학기술정보통신부장관은 인공지능 관련 정책의 개발과 국제규범 정립·확산을 위하여 '인공지능정책센터'를 지정할 수 있고, 인공지능 안전을 확보하기 위해 '인공지능안전연구소'를 운영할 수 있다. 한편, 정부는 인공지능 기술 개발과 안전한 이용을 위해 국내 · 외 동향 및 관련 제도 조사, 기술 실용화, 연구개발 등의 사업을 지원할 수 있고, 인공지능기술 표준 제정 등의 표준화 사업을 추진할 수 있다. 또한 과학기술정보통신부장관은 인공지능 기술 개발과 인공지능 산업 진흥을 위해 관련 전문 인력을 양성하고, 해외 전문 인력의 확보를 위한 각종 시책을 추진할 수 있으며, 안전하고 신뢰할 수 있는 인공지능 이용을 위해 자율적으로 추진하는 인 · 검증 활동 지원 사업을 추진할 수 있다.

인공지능 기본법은 '사람의 생명, 신체의 안전 및 기본권'에 중대한 영향을 미치거나 위험을 초래할 우려가 있는 고영향 인공지능과 다양한 결과물을 만들어 내는 생성형 인공지능에 대한 고지 의무도 부과하고 있다. 구체적으로 고영향 인공지능을 이용한 제품이나 서비스를 제공하는 인공지능 사업자는 해당 사실을 이용자에게 사전에 고지하여야 하며, 안전성과 신뢰성을 확보하기 위한 조치를 이행하여야 한다. 한편, 생성형 인공지능을 이용한 제품이나 서비스를 제공하는 경우 그 결과물이 생성형 인공지능에 의하여 생성되었다는 사실을 표시하여야 하고, 인공지능 시스템을 이용하여 실제와 구분하기 어려운 가상의 결과물을 제공하는 경우 그 사실을 이용자가 명확하게 알 수 있도록 고지 또는 표시하여야 한다.

이 법에서 정한 주요 용어의 뜻은 다음과 같다.

• '인공지능'이란 학습, 추론, 지각, 판단, 언어의 이해 등 인간이 가진 지적 능력을 전자적 방법으로 구현한 것
• '인공지능 시스템'이란 다양한 수준의 자율성과 적응성을 가지고 주어진 목표를 위하여 실제 및 가상환경에 영향을 미치는 예측, 추천, 결정 등의 결과물을 추론하는 인공지능 기반 시스템
• '인공지능기술'이란 인공지능을 구현하기 위하여 필요한 하드웨어 · 소프트웨어 기술 또는 그 활용 기술
• '고영향 인공지능'이란 사람의 생명, 신체의 안전 및 기본권에 중대한 영향을 미치거나 위험을 초래할 우려가 있는 인공지능 시스템
• '생성형 인공지능'이란 입력한 데이터의 구조와 특성을 모방하여 글, 소리, 그림, 영상, 그 밖의 다양한 결과물을 생성하는 인공지능 시스템
• '인공지능 산업'이란 인공지능 또는 인공지능 기술을 활용한 제품을 개발 · 제조 · 생산 또는 유통하거나 이와 관련한 서비스를 제공하는 산업
• '인공지능 사회'란 인공지능을 통하여 산업 · 경제, 사회 · 문화, 행정 등 모든 분야에서 가치를 창출하고 발전

을 이끌어 가는 사회

• '인공지능 윤리'란 인간의 존엄성에 대한 존중을 기초로 하여, 국민의 권익과 생명 · 재산을 보호할 수 있는 안전하고 신뢰할 수 있는 인공지능 사회를 구현하기 위하여 인공지능의 개발, 제공 및 이용 등 모든 영역에서 사회 구성원이 지켜야 할 윤리적 기준

참고문헌

과학기술정보통신부(2024.12.27). 인공지능 산업 육성·규제 근거 마련: 'AI기본법' 국회 통과. ≪대한민국 정책브리핑≫. https://korea.kr/news/policyNewsView.do?newsId=148937982

관계부처합동(2020). 『인공지능(AI) 윤리기준』. https://www.msit.go.kr/bbs/view.do?sCode=user&mId=113&mPid=238&bbsSeqNo=94&nttSeqNo=3179742

국가정보원·국가보안기술연구소(2023). 『챗GPT 등 생성형 AI 활용 보안 가이드라인』. https://www.ncsc.go.kr:4018/main/cop/bbs/selectBoardArticle.do?bbsId=InstructionGuide_main&nttId=54340&pageIndex=1

노은정(2024). 딥페이크 관련 국내외 규제 현황 분석. ≪KISDI Perspectives≫, 2024 June 4. https://www.kisdi.re.kr/report/view.do?key=m2102058837181&masterId=4334696&arrMasterId=4334696&artId=1768756

노재원·유재흥·안성원(2023). 『글로벌 AI 신뢰성 정책 동향』.

소프트웨어정책연구소.
https://spri.kr/posts/view/23723?code=research&study_type=&board_type=research&flg=

문화체육관광부·한국저작권위원회(2023). 『생성형 AI 저작권 안내서』. 문화체육관광부·한국저작권위원회

문화체육관광부·한국저작권위원회(2024). 『A guide Generative AI and copyright』. 문화체육관광부·한국저작권위원회

박종구(2024). 8장. AI가 바꾸는 광고PR 법제도. 김주영 외, 『AI가 바꾸는 광고와 PR: 기획부터 윤리까지』(265~294쪽). 이프레스.

박희영(2023). 유럽연합(EU) 인공지능법안(AI Act)과 저작권법: ChatGPT 등 생성형 인공지능과 관련하여. ≪이슈리포트≫, 2023-19호.

심소연(2024). 규제 중심의 유럽연합 인공지능법(EU AI Act). ≪최신외국입법정보≫, 242호.

양기문(2024). 미국과 유럽연합의 AI 영향평가 정책 현황. ≪KISDI Perspectives≫. 1~9.

유계환·김윤명(2024). 주요국의 AI 규제 동향 및 시사점: 생성형 AI 서비스 제공자의 책임을 중심으로. ≪IP Focus≫, 2024-06호.

유화선·윤병성·최희석(2024). 인공지능 윤리(AI Ethics): 인간과 인공지능의 조화로운 공존 방안. ≪KISTI 이슈브리프≫, 68호.

의안정보시스템(2024). 『인공지능 발전과 신뢰 기반 조성 등에 관한 기본법』.
https://likms.assembly.go.kr/bill/billDetail.do?billId=PRC_R2V4H1W1T2K5M1O6E4Q9T0V7Q9S0U0

정보통신정책연구원. 인공지능 윤리 소통 채널.
https://ai.kisdi.re.kr/aieth/main/main.do

Ernst Young(2024). The EU Artificial Intelligence Act.
https://assets.ey.com/content/dam/ey-sites/ey-com/en_gl/

topics/ai/ey-eu-ai-act-political-agreement-overview-february-2024.pdf
EU(2024). EU AI Act.
https://eur-lex.europa.eu/legal-content/EN/TXT/HTML/?uri=OJ:L_202401689
Madiega, T.(2024). Artificial intelligence act(3rd ed.). European Parliament: European Parliamentary Research Service.
https://www.europarl.europa.eu/thinktank/en/document/EPRS_BRI(2021)698792
OECD(2024). OECD AI principles overview.
https://oecd.ai/en/ai-principles
Russell, S., Perset, K., & Grobelnik, M.(2023.11.29). Updates to the OECD's definition of an AI system explained. OECD.
https://oecd.ai/en/wonk/ai-system-definition-update
The White House(2023.10.30). Executive order on the safe, secure, and trustworthy development and use of artificial intelligence.
https://www.whitehouse.gov/briefing-room/presidential-actions/2023/10/30/executive-order-on-the-safe-secure-and-trustworthy-development-and-use-of-artificial-intelligence/
The White House(2024.3.28). Vice president Harris announces OMB policy to advance governance, innovation, and risk management in federal agencies' use of artificial intelligence.
https://www.whitehouse.gov/briefing-room/statements-releases/2024/03/28/fact-sheet-vice-president-harris-announces-omb-policy-to-advance-governance-innovation-and-risk-management-in-federal-agencies-use-of-artificial-intelligence/

박종구

한국방송광고진흥공사(KOBACO) 미디어·광고연구소 수석 연구위원으로 광고 산업 인공지능 정책을 연구하고 있다. 정보전략(ISP) 컨설턴트와 한국연구재단-서강대학교 학술연구교수, 호주 캔버라대학교 방문연구위원을 거쳤다. 서강대학교 영어영문학 학사, 동 대학원 신문방송학과에서 디지털미디어를 세부 전공으로 박사 학위를 받았으며, "뉴미디어 채택에 관한 통합모델 IAM-NM"(2011)으로 한국언론학회 우당신진학자 논문상을 수상했다. 저서로 『뉴미디어 채택이론』(2013)이 있으며, 인공지능에 관한 공동 저서로 『AI가 바꾸는 광고와 PR』(2024), 『인공지능을 활용한 광고기획 실무』(2023), 『인간 정서와 AI』(2022) 등을 집필했다. 미디어·광고 산업 정책에 관한 다수의 연구 보고서가 있으며, 논문으로 "광고산업의 혁신성장을 위해 '무엇을' 해야 하나?"(2023), "광고산업을 왜 육성해야 하는가?"(2022) 등이 있다.

bellnine@gmail.com